MW01414337

UPSC

क्रैक करने के गुरुमंत्र

सिविल सेवा परीक्षा के क्यों, क्या और कैसे

UPSC
क्रैक करने के गुरुमंत्र

सिविल सेवा परीक्षा के क्यों, क्या और कैसे

आदित्य बाजपेयी, IRS

प्रभात पेपरबैक्स
www.prabhatbooks.com

प्रकाशक
प्रभात पेपरबैक्स
प्रभात प्रकाशन प्रा. लि. का उपक्रम

4/19 आसफ अली रोड, नई दिल्ली-110002
फोन : 23289777 • हेल्पलाइन नं. : 7827007777
इ-मेल : prabhatbooks@gmail.com ❖ वेब ठिकाना : www.prabhatbooks.com

संस्करण
प्रथम, 2023

सर्वाधिकार
सुरक्षित

———— ★ ————

UPSC CRACK KARNE KE GURUMANTRA
by Aditya Bajpai, IRS

Published by **PRABHAT PAPERBACKS**
An imprint of Prabhat Prakashan Pvt. Ltd.
4/19 Asaf Ali Road, New Delhi-110002

ISBN 978-93-5488-474-0

समर्पित

मेरी माताजी व पिताजी को, जिनके आशीर्वाद के बिना इस पुस्तक को लिखना असंभव था। मेरी धर्मपत्नी को, जिन्होंने संघर्षमयी जीवन-यात्रा में सच्ची मित्र की भाँति मुझे सदैव अभिप्रेरित किया।

लेखक के बारे में

मैं भारतीय राजस्व सेवा (सीमा शुल्क और अप्रत्यक्ष कर), 2016 बैच का अधिकारी हूँ। वर्तमान में बेंगलुरु सीमा शुल्क क्षेत्र में सीमा शुल्क उपायुक्त, पद पर कार्यरत हूँ। मैं कर्नाटक में बीजापुर डिवीजन के सहायक आयुक्त और तत्पश्चात् बेंगलुरु में सहायक आयुक्त, एंटी इवेजन (Assistant Commissioner of Anti Evasion) के पद पर कार्य कर चुका हूँ।

मैंने दूसरे प्रयास में, ऑल इंडिया रैंक 330 के साथ सिविल सेवा परीक्षा 2015, उत्तीर्ण की है। मैंने जबलपुर इंजीनियरिंग कॉलेज, जबलपुर (मध्य प्रदेश) से सूचना प्रौद्योगिकी (Information Technology) इंजीनियरिंग में स्नातक की डिग्री प्राप्त की है। मेरा वैकल्पिक विषय इतिहास था।

आप मेरे ई-मेल पर मुझसे संपर्क कर सकते हैं, ईमेल एड्रेस: bajpai.aditya1292@gmail.com

विषय-सूची

समर्पित	5
लेखक के बारे में	7
परिचय	11
भाग-1 सिविल सेवा ही क्यों?	**15**
1. आपकी अभिप्रेरणा क्या है?	19
2. कॉर्पोरेट नौकरी बनाम सिविल सेवा	25
3. मुद्दे एवं चुनौतियाँ	34
4. सिविल सेवा से अपेक्षाएँ	40
5. सिविल सेवा से मोहभंग	45
भाग-2 सिविल सेवा की तैयारी वास्तव में कैसे करनी चाहिए?	**51**
6. कोचिंग बनाम स्व-अध्ययन	55

7. कुछ सामान्य शंकाएँ	61
8. जीवन में संतुलन बनाएँ	73
9. कैसे अभिप्रेरित रहें?	81
भाग-3 सिविल सेवा और उससे आगे	**87**
10. अभ्यर्थी सिंड्रोम	91
11. असफलता क्या है?	100
निष्कर्ष	106
संदर्भ-सूची	108

परिचय

इस पुस्तक को खरीदने के लिए शुभकामनाएँ। इस पुस्तक का उद्देश्य आपको परीक्षा के अध्ययन के लिए विस्तृत योजना प्रदान करना नहीं है। ना ही यह आपको परीक्षा में सफलता प्राप्त करने के लिए अभिप्रेरित करने वाली पुस्तक है। यह पुस्तक सिविल सेवा की तैयारी के संबंध में Quora पर मेरे द्वारा दिए गए लगभग 100+ प्रश्न-उत्तरों पर आधारित है। ये उत्तर मैंने विद्यार्थियों की जिज्ञासा के समाधान के लिए लिखे हैं। यह पुस्तक अभ्यर्थियों को सिविल सेवा परीक्षा की तैयारी से संबंधित कुछ मौलिक समस्यायों के प्रति स्पष्ट अंतर्दृष्टि उपलब्ध कराने का प्रयास भर है। सिविल सेवा को ही क्यों चुनें? सिविल सेवा से आपकी क्या अपेक्षा है? निजी क्षेत्र की नौकरी क्यों नहीं? कौन-सी सेवा चुननी है? क्या तैयारी के लिए दिल्ली जाना वाकई महत्त्वपूर्ण है? कोचिंग बनाम स्व-अध्ययन? क्या आपको अपनी नौकरी छोड़ देनी चाहिए? आप अपने जीवन से वास्तव में क्या चाहते हैं? इसी तरह के कुछ

प्रश्नों के उत्तर देने का प्रयास इस पुस्तक में किया गया है। तो कह सकते हैं, यह यूपीएससी के लिए एक सामान्य पुस्तक नहीं है।

यूपीएससी के अभ्यर्थियों के साथ बातचीत करते हुए, मैंने महसूस किया है कि उनमें से अधिकांश को यह पता ही नहीं होता कि वे सिविल सेवा से क्या अपेक्षा रखते हैं और किन मापदंडों पर किसी विशेष सेवा का चयन करते हैं। इसके अलावा, सिविल सेवा परीक्षा का उद्देश्य योग्य युवा अधिकारियों का चयन करना है जो आने वाले वर्षों में देश का प्रशासन संभालेंगे। लेकिन, यदि आप आंकड़े देखेंगे, तो सिविल सेवा परीक्षा में सफलता की दर 1% से भी कम है। वर्ष-दर-वर्ष केवल शीर्ष 100 या 200 अभ्यर्थी ही अधिकारी बनने में सफल होते हैं, बाकी अगले प्रयास की तैयारी करते हैं। इस तरह परीक्षा प्रक्रिया में अनेक युवाओं का बहुमूल्य समय बर्बाद हो जाता है। यदि आप परीक्षा में सफल होते हैं तो ठीक है, लेकिन असफल होने पर आपके पास पर्याप्त विकल्प नहीं बचते हैं। तो आपको कब रुकना चाहिए? क्या प्रयास को जारी रखना चाहिए? आपके बार-बार प्रयास करने के पीछे कौन-सी प्रेरणा है? इस पुस्तक में इन्हीं प्रश्नों के उत्तर देने का प्रयास किया गया है।

यह पुस्तक हमारे चयन के परिणामों और आगे जाकर यह पूरे प्रशासन तंत्र को कैसे प्रभावित करती है, इस पर भी प्रकाश डालती है। अपेक्षाओं और वास्तविकता, इच्छाओं और जरूरतों, भत्तों और काम के बीच का अंतर एक सिविल सेवक को सेवा के प्रति उदासीन, निराश और कुंठित बना सकता है, और उसके भ्रष्टाचार के दलदल की ओर फिसलने की संभावना भी बढ़ जाती है। इसलिए, 'आपने सिविल सेवा को क्यों चुना?' जैसा सरल प्रश्न अपने आप में बहुत जटिल है, जिस पर अभ्यर्थियों को गंभीरता से विचार करना चाहिए।

इसी तरह के परिणाम किसी सेवा-विशेष को चुनने के निर्णय के भी होते हैं। अधिकांशत: फिल्मों को देखकर, पुस्तकों को पढ़कर प्रत्यक्षत: किसी

📖 परिचय 📖

सिविल सेवक को देखकर अथवा अन्यों द्वारा बताने पर प्रभावित होकर हम सेवा का चयन करने का निर्णय लेते हैं। बहुत ही कम बार ऐसा होता है, जब अच्छी तरह शांत दिमाग से और अपनी अपेक्षाओं को यथार्थ की कसौटी पर रखकर यह निर्णय लिया जाए। इस तरह, यदि सोच-समझकर निर्णय न लिया जाए तो एक सिविल सेवक की कार्यकुशलता पर बुरा असर पड़ता है। या तो वह सेवा से या संवर्ग से असंतुष्टि अनुभव करेगा। यह असंतोष धीरे-धीरे उसके व्यक्तित्व के सभी पहलुओं पर छा जाता है और उसका परिणाम होता है, धीमा और हतोत्साहित प्रशासन जो हमारे देश को खोखला कर रहा है। इसलिए, सिविल सेवा और उसमें भी सेवा-विशेष को चुनने का सरल-सा निर्णय, समग्र प्रशासन पर दीर्घकालिक प्रभाव डाल सकता है।

यह पुस्तक अध्ययन के लिए कोई कुंजी प्रदान नहीं करती है। अध्ययन का सबका अपना तरीका होता है। इस पुस्तक के माध्यम से सिविल सेवक बनने का स्पष्ट दृष्टिकोण देने और अध्ययन करते समय किन गलतियों से बचना चाहिए यह बताने का प्रयास किया गया है। अपने आप को कैसे प्रेरित करें और स्वयं को कैसे प्रासंगिक बनाए रखें, इस पुस्तक में इन विषयों पर भी चर्चा की गई है।

सिविल सेवा की तैयारी का एक महत्त्वपूर्ण पहलू आर्थिक रूप से स्वतंत्र होना है, जिस पहलू को हमेशा ही उपेक्षित किया जाता है। बार-बार असफल होने के बाद भी, अभ्यर्थी किसी और पर आर्थिक रूप से निर्भर रहते हुए तैयारी करना जारी रखते हैं। इसके कारण अध्ययन भी प्रभावित होता है और वे अन्य अवसरों से भी वंचित हो जाते हैं, जो उनके लिए अधिक उपयुक्त हो सकते हैं। अन्यों से 'सर्वश्रेष्ठ' बनने की भावना जो सिविल सेवाओं से जुड़ी हुई है, यह भी सर्वथा उचित नहीं है, क्योंकि इस कारण भी अनेक युवा अपना काफी समय और ऊर्जा बर्बाद कर देते हैं और असफल होने के

बाद भी वे आत्मनिरीक्षण का महत्त्व नहीं समझते हैं। परीक्षा की प्रक्रिया भी ऐसी होती है कि अंतिम परिणाम घोषित होने से पूर्व ही, अगले वर्ष के लिए आवेदन भर दिया जाता है, और अभ्यर्थियों को अपनी असफलता के कारणों का अवलोकन और आत्मनिरीक्षण करने का समय ही नहीं मिल पाता।

इसी प्रकार, यह पुस्तक भावनात्मक बुद्धिमत्ता के प्रबंधन पर भी प्रकाश डालती है, जोकि अध्ययन की प्रक्रिया में समाज से दूर रहने के कारण दुष्प्रभावित होती है। इससे व्यक्ति की भावनात्मक बुद्धिमत्ता और संबंधों को प्रबंधित करने की क्षमता पर भी बुरा असर पड़ता है। इस पुस्तक में असफलता पर भी बारीकी से विचार किया गया है, और यह जानने का प्रयास किया गया है कि वास्तव में असफलता है क्या, क्या सिविल सेवा परीक्षा ही सब कुछ है? आपको आगे बढ़ते रहने के लिए क्या प्रेरित करता है?

अंत में, यह पुस्तक अभ्यर्थी को स्वयं पर और अपनी क्षमताओं पर विश्वास करने के लिए प्रोत्साहित करने का प्रयास करती है। इसके अलावा, प्रतियोगिता में प्रासंगिक बने रहने के लिए सही निर्णय लें और स्वयं को अधिक कुशल बनाएँ। यह तय करें कि कब रोजगार की तलाश करनी है और नौकरी के साथ अपने अध्ययन का प्रबंधन कैसे करना है? कैसे एक अधिक सकारात्मक इंसान बनें और एक अधिक उत्पादक और मानवीय अधिकारी बनें, आदि महत्त्वपूर्ण प्रश्नों पर भी इस पुस्तक में चर्चा की गई है।

भाग – 1
सिविल सेवा ही क्यों?

हर वर्ष लगभग दस लाख अभ्यर्थी सिविल सेवा परीक्षा के लिए आवेदन करते हैं और लगभग 50 से 60% प्रारंभिक परीक्षा देते हैं। यदि आप इस पुस्तक को पढ़ रहे हैं, तो मुझे विश्वास है कि आप स्वयं को भी एक अभ्यर्थी मानते हैं। तो, बुनियादी प्रश्न, जो कि अनुत्तरित रह जाता है, 'आप सिविल सेवा में क्यों शामिल होना चाहते हैं?' आप सेवा में क्या खोज रहे हैं और आपने अपने भविष्य की क्या कल्पना की है? यदि तुरंत ही इन सवालों के जवाब आपके दिमाग में नहीं आ पाते हैं, तो कोई बात नहीं, आप ऐसे पहले व्यक्ति नहीं हैं।

कुछ अपवादों को छोड़कर, अभ्यर्थियों को पता ही नहीं होता है कि वे सिविल सेवा में क्यों शामिल होना चाहते हैं। आमतौर पर, सिविल सेवा में शामिल होने की प्रेरणा, सत्ता, प्रतिष्ठा, सामाजिक स्थिति, देश की सेवा करने

की इच्छा, समाज पर सकारात्मक प्रभाव, वित्तीय स्थिरता, कार्य में संतुष्टि, सामाजिक मान्यता आदि का एक संयोजन है। इसलिए सबसे पहले तो आपके मस्तिष्क में वह लक्ष्य स्पष्ट होना चाहिए, जिसके कारण आप सिविल सेवा का चयन कर रहे हैं।

दूसरे, 1991 के एलपीजी (Liberalisation, Privatisation and Globalisation) सुधारों के बाद से, निजी क्षेत्र ने तेजी से विकास किया है, और युवाओं को अत्यंत आकर्षक और चुनौतीपूर्ण करियर के अवसर दिए हैं। यदि आप एक निजी क्षेत्र के कर्मचारी और समान पद वाले एक सिविल सेवक के वेतन की तुलना करें, तो आप पाएँगे कि अंतर बहुत बड़ा है और जो समय के साथ बढ़ता ही जाएगा। इसके अलावा, निजी क्षेत्र की नौकरी भी अन्य माध्यमों से जनता की सेवा करने का अवसर भी प्रदान करती है। यह सिविल सेवाओं की तरह प्रत्यक्ष नहीं हो सकती है लेकिन फिर भी, गुंजाइश है। तो आपने निजी क्षेत्र की नौकरी क्यों नहीं चुनी?

तीसरा, सिविल सेवाओं में संसाधनों और जनशक्ति की स्थिति निजी क्षेत्र की नौकरी से काफी अलग है। ग्रामीण या टियर 2 या 3 शहरों में शुरुआती पोस्टिंग को देखते हुए, व्यक्तिगत जीवन का प्रबंधन करना कठिन हो जाता है। यह कोई आश्चर्य की बात नहीं है कि तलाक की दर सिविल सेवाओं से जुड़े लोगों में सबसे अधिक है और समय के साथ यह बढ़ती ही जा रही है। चूंकि अधिकांश सिविल सेवकों के पति या पत्नी निजी क्षेत्र में नौकरी करते हैं और उनका कार्यस्थल ज्यादातर मेट्रो सिटी या टियर-1 शहर होता है। यहाँ तक कि सिविल सेवक दंपत्ति में भी कई बार दोनों के भिन्न व्यक्तित्व और अहं का टकराव विवाह में दरार का कारण बनता है। तो क्या आपने इन कारकों को ध्यान में रखा है?

📖 सिविल सेवा ही क्यों? 📖

चौथा, जैसे-जैसे आप अपने करियर में आगे बढ़ते हैं, लोक सेवा की निस्वार्थ भावना धीरे-धीरे कम होने लगती है, जोकि शुरुआत में आपकी प्रेरणा थी। उसकी जगह पर सत्ता, प्रतिष्ठा और धन का प्रभाव आपके निर्णय पर पड़ने लगता है और अपेक्षा और वास्तविकता के बीच का अंतर तेजी से बढ़ता जाता है। अंतत: आपका मोहभंग हो जाता है और आप अपने कार्य के प्रति उदासीन और निराश अनुभव करने लगते हैं। यह मोहभंग बहुत खतरनाक साबित हो सकता है, क्योंकि यह व्यक्ति को भ्रष्टाचार की राह पर धकेल देता है। इसलिए सिविल सेवा चुनने के पीछे आपकी प्रेरणा बिल्कुल स्पष्ट होनी चाहिए।

अंत में, आप अगले पाँच से दस वर्षों में स्वयं को कहाँ देखते हैं, यह बहुत महत्त्वपूर्ण है। हो सकता है कि आपने परीक्षा पास कर ली हो, लेकिन इससे सीखने की प्रक्रिया बंद नहीं होनी चाहिए। आपको समय के साथ स्वयं में बदलाव लाने होंगे। नवीनतम तकनीक और कौशल सीखने से आपको अपने करियर में मदद मिलेगी। इस अध्याय में इन सब पहलुओं पर चर्चा की गई है।

◻◻

अध्याय 1
आपकी अभिप्रेरणा क्या है?

अधिकांश अभ्यर्थियों के लिए, सिविल सेवाओं में शामिल होने के लिए प्रेरक तत्त्व मुख्य रूप से सुरक्षित नौकरी, करियर में स्थिरता, सामाजिक मान्यता, पद, अधिकार और समाज में कुछ सकारात्मक परिवर्तन करने की क्षमता आदि हैं। नौकरी की स्थिरता इतना बड़ा कारक है कि आज भी एक लाख या उससे अधिक अभ्यर्थी आकर्षक कॉर्पोरेट नौकरी की अपेक्षा सिविल सेवा को वरीयता देते हैं।

आपकी प्रेरणा, आपकी सफलता की संभावनाओं को निर्धारित करने और समय के साथ आपके करियर को नई दिशा देने में महत्त्वपूर्ण भूमिका

निभाती है। यदि आप केवल भौतिक कारणों से प्रेरित हुए हैं तो देर-सबेर ये फीके पड़ जाएंगे। यह कोई दार्शनिक प्रवचन नहीं बल्कि वास्तविकता है। आमतौर पर यही देखा गया है, कि जो लोग मौद्रिक संतुष्टि या धन की तुलना में सार्वजनिक सेवा को अधिक महत्त्व देते हैं, वे सिविल सेवाओं में जाना पसंद करते हैं। यह स्वाभाविक रूप से आपके कार्य में संतुष्टि को बढ़ाता है और आगे आपके करियर के लिए भी सही सिद्ध होगा।

यदि आप सिविल सेवक के पद और प्रतिष्ठा के लालच से प्रेरित होते हैं, तो आप मुख्य रूप से एक सिविल सेवक होने के लाभों से प्रेरित हैं। '*एक सिविल सेवक के काम को, एक सिविल सेवक होने के लाभ समझकर भ्रमित न हों।*' एक सिविल सेवक को प्राप्त होने वाले भत्ते अस्थायी होते हैं। यदि आप केवल सिविल सेवक के भत्तों से ही आकर्षित होकर इस क्षेत्र से जुड़ते हैं तो आपमें अधिकार पाने की भावना विकसित होगी। इससे आप व्यक्तिगत संतुष्टि को वरीयता देंगे और भ्रष्टाचार की ओर उन्मुख हो सकते हैं।

इसलिए, आपको न केवल अपने पेशेवर जीवन के संदर्भ में बल्कि अपने व्यक्तिगत जीवन को ध्यान में रखकर भी अपने भविष्य की कल्पना करनी चाहिए। आप नौकरी से क्या उम्मीद करते हैं और आपकी महत्त्वाकांक्षाएं क्या हैं? यदि आप इस विषय में अच्छी तरह सोच-विचारकर निर्णय लेंगे तो आपके करियर और जीवन में शांति और सामंजस्य बना रहेगा, यदि नहीं, तो सिर्फ अशांति और निराशा ही हाथ लगेगी।

इसके अलावा, क्या सिविल सेवा ही वह अंतिम लक्ष्य है जिसकी आप स्वयं से अपेक्षा रखते हैं? नहीं, लेकिन अधिकांश अभ्यर्थियों की यही स्थिति

आपकी अभिप्रेरणा क्या है?

है। उन्होंने सिविल सेवाओं में सफल होने के बाद के अपने करियर के बारे में विस्तार से विचार नहीं किया होता है।

अपने भविष्य की कल्पना करें

सिविल सेवा की परीक्षा उत्तीर्ण करना और नौकरी पाना आपके करियर की ओर एक कदम है। यह अंत नहीं बल्कि शुरुआत है। आमतौर पर, परीक्षा में सफल होने के बाद अभ्यर्थी आत्मसंतुष्ट हो जाते हैं। जब आप तैयारी कर रहे थे तो आप लगातार सभी अद्यतन घटनाओं के बारे में सचेत रहते थे, लेकिन एक बार सफल होने के बाद हर नई घटना और खबर के प्रति जागरूक रहने की प्रेरणा फीकी पड़ जाती है। कार्य के अति व्यस्त समय के बीच समाचारपत्र पढ़ना भी मुश्किल लगता है। तो क्या आप अपने भविष्य की कल्पना इस तरह करते हैं? क्या आपकी योजना केवल परीक्षा पास करने तक ही सीमित थी?

21वीं सदी में नौकरशाही आपसे केवल सेवा उपलब्ध कराने की नहीं, बल्कि सेवा प्रदाता बनने की माँग करती है। जनता पर आधिपत्य की भावना जोकि एक औपनिवेशिक मानसिकता है, आज के समय में नहीं चल सकती। शासन के अब विभिन्न स्तर हैं। सिविल सेवाओं का दायरा और चुनौतियाँ दिन-पर-दिन बढ़ती ही जा रही हैं। सिविल सेवकों से आज अधिक सक्रिय होने और अनेक अतिरिक्त कार्य करने की भी अपेक्षा की जा रही है। सरकार और जनता उम्मीद करती है कि अधिकारी किसी भी परिस्थिति में समाधान के लिए तैयार रहेंगे।

इससे भी महत्त्वपूर्ण बात यह है कि सिविल सेवाएँ जनता से सीधे तौर पर जुड़ी हुई हैं। आपको आमजन को उनके दृष्टिकोण से समझना होगा। लोगों के साथ बातचीत करने, उनकी समस्याओं को समझने, उनकी शिकायतों को सुनने, उनसे सहानुभूति रखने और उन्हें आवश्यक सेवाएँ प्रदान करने के लिए तैयार रहना होगा। सेवाओं का निष्पादन और सार्वजनिक संपर्क आपका प्राथमिक काम है। यदि आप आमजन से सहानुभूति नहीं रखते और उनकी शिकायतों के निवारण के लिए अपने कर्त्तव्य की सीमा से आगे जाकर उनकी सहायता नहीं कर सकते तो शायद आप सिविल सेवा के लिए नहीं बने हैं।

कार्य संतुष्टि

सार्वजनिक रूप से काम करने की सभी बाधाओं के बावजूद, नौकरी से संतुष्टि शायद प्रमुख प्रेरक कारक है जो आपको सबसे अधिक प्रेरित करता है। प्रशासन के कस्टम विभाग में कार्यरत होने के कारण, मैं COVID-19 महामारी के दौरान किए गए काम से संतुष्ट हूँ और गर्व का अनुभव करता हूँ। कस्टम विभाग द्वारा त्वरित मंजूरी से देश में महत्त्वपूर्ण दवाएँ और उपकरण उपलब्ध हो गए थे। एक तरह से, मैंने भी छोटी-सी भूमिका निभाई, और मुझे खुशी है कि मैं अनेक लोगों की जान बचाने में मदद कर सका।

तमाम कठिनाइयों के बावजूद, लोक सेवा से मिलने वाली पूर्ण संतुष्टि ही सिविल सेवा में करियर को इतना खास बनाती है। 2017 की एक दोपहर मुझे एक कॉल आया। शिकायत एक लड़के के खिलाफ थी जिसने एक

📖 आपकी अभिप्रेरणा क्या है? 📖

लड़की और उसके परिवार को गंभीर परिणाम भुगतने की धमकी दी थी। यह एकतरफा प्रेम-प्रसंग में ठुकराए जाने का मामला था। हालाँकि मैं पुलिस सेवा में नहीं था, लेकिन मैंने पीड़ित परिवार को हरसंभव मदद का आश्वासन दिया। मामला बेंगलुरु का था और मामले में बहुत कम प्रगति हुई थी। प्राथमिकी की जानकारी लेने के बाद मैंने संबंधित थाने में संपर्क किया और सीधे निरीक्षक से बात की। इसके अलावा, मैंने पुलिस उपायुक्त और आईपीएस सेवा में रत अपने कुछ सहयोगियों से भी बात की। मेरे फोन करने के कुछ ही घंटों के बाद, मुझे लड़की के परिवार से फोन आया कि लड़के को गिरफ्तार कर लिया गया है और उसके लैपटॉप और अन्य उपकरण जिनके माध्यम से वह धमकी दे रहा था, जब्त कर लिए गए हैं। लड़की को बचा लिया गया। यह मेरे लिए सबसे बड़ी संतुष्टि थी कि मैं एक जीवन बचा सका।

देश की सेवा के लिए आपको हर दिन अथक मेहनत करनी होगी। यही सिविल सेवा के लिए आपकी प्रेरणा भी होनी चाहिए, किसी तरह का लाभ या लालच नहीं। सार्वजनिक सेवा की भावना ही आपको आगे बढ़ा सकती है। आपकी सेवा आपको देश के दूरस्थ क्षेत्रों से निकालकर राष्ट्रीय राजधानी में सत्ता के गलियारों तक ले जा सकती है। इतने विविध प्रकार से सेवा करने का अवसर ही सिविल सेवाओं की पहचान है। यह आपके जीवन को अनुभवों से समृद्ध बनाता है और आपको चुनौतियों का सामना करने के लिए तैयार करता है।

इसलिए यदि आप लोक सेवा की भावना से प्रेरित हैं और इससे पूर्ण संतुष्टि प्राप्त करते हैं तो आपने सही चुनाव किया है। सिविल सेवा में शामिल

होने की मुख्य प्रेरणा देश की हरसंभव सेवा करना होना चाहिए। सबसे निचले स्तर से लेकर सचिवालय तक, हर तरह से सेवा इस देश की भलाई के लिए अपने पद और शक्ति का उपयोग करना चाहिए। इस देश को वर्तमान और भविष्य के लिए एक बेहतर जगह बनाने के लिए लगातार सीखते रहना और नए कौशल विकसित करना आपका लक्ष्य होना चाहिए। हालाँकि यह बहुत अटपटा लग सकता है, लेकिन यही सच है, जब आप एक सिविल सेवक बनने की इच्छा रखते हैं, तो आपको बहुत सोच-समझकर ही निर्णय लेना चाहिए। मौद्रिक लाभ और एक असाधारण जीवन शैली आपकी प्राथमिकता नहीं होनी चाहिए। धन आएगा, इसकी चिंता न करें। कार्य की संतुष्टि आपकी प्रेरक शक्ति होनी चाहिए।

अध्याय 2
कॉर्पोरेट नौकरी बनाम सिविल सेवा

1991 में एलपीजी सुधारों के बाद, भारत में निजी क्षेत्र का तेजी से विस्तार हुआ है। किसी भी बहुराष्ट्रीय कंपनी में कार्य क्षेत्र का वातावरण बहुत ही अधिक चुनौतीपूर्ण होता है। फिर भी एक आरामदायक कार्यालय, कुशल सहकर्मी, करियर बदलने में आसानी, अच्छा जीवन स्तर के साथ ही व्यक्तिगत जीवन का अच्छा प्रबंधन निजी क्षेत्र की नौकरी के प्रमुख लाभ हैं, साथ ही आपको जरूरत के अनुसार बहुत अच्छा वेतन भी मिलता है तो ऐसी नौकरी कौन नहीं चाहेगा?

इससे भी महत्त्वपूर्ण बात यह है कि ऐसा नहीं है कि केवल सिविल सेवक ही राष्ट्रीय कर्त्तव्य निभा रहे हैं। निजी क्षेत्र की कई हस्तियां समाज सेवा के लिए सराहनीय कार्य कर रही हैं। वास्तव में यदि आप ईमानदारी से करों का भुगतान करते हैं और चुनाव में मतदान करते हैं तो इसका अर्थ है आप सचमुच अपने राष्ट्र की परवाह करते हैं।

इन सभी मापदंडों को ध्यान में रखते हुए आपको करियर चुनना चाहिए। सरकारी नौकरी निजी क्षेत्र की नौकरी से बिल्कुल अलग होती है। मानव संसाधन की कमी, बजट की कमी, आपके द्वारा किए गए कार्यों व निर्णयों की निरंतर जाँच, निजी क्षेत्र में अपने साथियों की तुलना में अधिक दबाव, अपने कार्य के प्रति अधिक जवाबदेही, और अनिश्चित कार्य अवधि, आपके व्यक्तिगत जीवन में असंतुलन का कारण बनते हैं। इसके अलावा, आपकी पहली पोस्टिंग किसी ग्रामीण इलाके में भी हो सकती है। तो, अगर सरकारी नौकरी में इतनी समस्याएँ हैं, तो सिविल सेवा में करियर क्यों चुना?

अत: आपको बेहतर तरीके से समझाने के लिए, समस्त कार्य परिदृश्य, चुनौतियों और अवसरों के बारे में नीचे विस्तार से बताया जा रहा है ताकि आप सोच-समझ कर फैसला कर सकें।

सिविल सेवा और कॉर्पोरेट नौकरी के वेतन की तुलना

अन्य कारकों को स्थिर रखते हुए, एक सरकारी कर्मचारी और एक निजी क्षेत्र के कर्मचारी के बीच वेतन को निम्न प्रकार से वर्गीकृत किया जा सकता है: (भारतीय प्रबंधन संस्थान, 2015)

1. **व्यक्ति-आधारित :** यह किसी व्यक्ति की योग्यता और कौशल के आधार पर दिया जाने वाला वेतन है जो व्यक्ति अपने कार्य द्वारा

प्रदर्शित करता है। यह निजी क्षेत्र में व्यापक रूप से प्रचलित है, जहाँ कुशल कर्मचारियों के बीच प्रतिस्पर्धा बनाए रखना आवश्यक होता है और इसीलिए प्रतिस्पर्धी व्यक्ति-आधारित आय दी जाती है।

2. **कार्य निष्पादन के लिए भुगतान :** यह किसी व्यक्ति को उसके कार्य निष्पादन के आधार पर दिया जाने वाला वेतन है। यह निजी क्षेत्र में मूल्यांकन प्रक्रिया के समान है। सरकारी क्षेत्र में, कार्य निष्पादन आधारित वेतन आम नहीं है, हालाँकि, कई विभागों में पुरस्कार और प्रोत्साहन ही प्रमुख रूप से दिए जाते हैं।

3. **पद के लिए वेतन :** यह एक संगठन में धारित पदों के अनुसार एक विशेष श्रेणी के लिए दिया जाने वाला वेतन है। इसे सामान्यत: वेतन स्तर और ग्रेड वेतन में वर्गीकृत किया जाता है। आमतौर पर सरकारी व्यवस्था में ऐसा ही होता है।

अत: आप स्पष्ट रूप से देख सकते हैं कि निजी क्षेत्र में कौशल और योग्यता महत्त्वपूर्ण भूमिका निभाते हैं जबकि सरकारी व्यवस्था के मामले में ऐसा नहीं है। सरकारी नौकरी में, आपको आपके पद के हिसाब से ही वेतन का भुगतान किया जाएगा। आपकी योग्यता पदोन्नति और पोस्टिंग में कुछ भूमिका निभा सकती है लेकिन कुल मिलाकर इसका पारिश्रमिक पर बहुत कम प्रभाव पड़ता है। हालाँकि, केवल वेतन के आधार पर सिविल सेवा और कॉर्पोरेट नौकरी की तुलना करना एक अन्याय होगा। एक सिविल सेवक के वेतन में भी मूर्त और अमूर्त लाभ शामिल होते हैं। आप एक सिविल सेवक द्वारा प्राप्त सामाजिक मान्यता, शक्ति, प्रतिष्ठा और अधिकार का मूल्य तो निर्धारित ही नहीं कर सकते। इसलिए, सिविल सेवा और कॉर्पोरेट नौकरी के बीच तुलना निम्नलिखित मानकों पर होनी चाहिए–

📖 UPSC क्रैक करने के गुरुमंत्र 📖

मापदंड	सिविल सेवा	कॉर्पोरेट सेवा
1. शक्तियाँ और अधिकार	असीमित शक्तियाँ और अधिकार।	अधिक धन लेकिन कम अधिकार।
2. तकनीकी ज्ञान और कौशल	शुरुआती वर्षों में उच्च लेकिन समय बीतने के साथ-साथ गतिरोध उत्पन्न हो जाता है।	नए कौशलों को निरंतर सीखते रहने पर जोर दिया जाता है।
3. भत्ते और लाभ	सिविल सेवा में आवास, वाहन, टेलीफोन, सुरक्षा आदि सुविधाएँ और बेहतर भत्ते मिलते हैं।	कॉर्पोरेट नौकरी में भी कुछ अतिरिक्त भत्ते मिलते हैं, लेकिन सिविल सेवा की तुलना में कम और सीमित मात्रा में।
4. सामाजिक प्रतिष्ठा	सिविल सेवकों को समाज में उल्लेखनीय प्रतिष्ठा प्राप्त होती है जो वास्तव में अद्वितीय है।	सिविल सेवकों की तुलना में सामाजिक प्रतिष्ठा कम होती है।
5. करियर की विविधता	सिविल सेवक ग्रामीण विकास से लेकर राष्ट्रीय सुरक्षा, अंतर्राष्ट्रीय संबंध, व्यापार और वाणिज्य से लेकर ऊर्जा, सुरक्षा, रक्षा, कला और संस्कृति आदि विभिन्न क्षेत्रों में अपनी सेवाएँ देते हैं।	एक कॉर्पोरेट नौकरी में, नौकरी की विशिष्ट प्रकृति और उससे जुड़े कौशल-विशेष के कारण आपका कार्यक्षेत्र सीमित होता है।

📖 कॉर्पोरेट नौकरी बनाम सिविल सेवा 📖

6. कार्य अनुभव	सिविल सेवक प्रारंभिक वर्षों से ही अधिक काम के दबाव, बड़ी संख्या में मानव बल और बड़ी परियोजनाओं को संभालते हैं। यदि इसमें संसाधनों की कमी को भी जोड़ लें तो कह सकते हैं कि सिविल सेवक किसी भी परिस्थिति और वातावरण में काम करना सीखते हैं और सही परिणाम देते हैं।	कॉर्पोरेट नौकरी के अपने अलग कार्य अनुभव होते हैं, जो समान रूप से फायदेमंद है। हालाँकि, काम का माहौल निश्चित रूप से बेहतर होता है, और साथी कर्मचारी अधिक कुशल होते हैं और सरकारी क्षेत्र से संसाधन भी बेहतर उपलब्ध होते हैं।
7. सीमित जॉब प्रोफाइल	सिविल सेवकों के पास संगठन बदलने के लिए बहुत कम अवसर होते हैं, हालाँकि विविध कार्य क्षेत्रों में काम करने का अवसर मिलता रहता है।	एक संस्था से दूसरी संस्था में चले जाना अपेक्षाकृत अधिक आसान होता है।
8. नौकरी की सुरक्षा	सिविल सेवक संवैधानिक रूप से संरक्षित होते हैं और उन्हें किसी भी निजी संगठन की तुलना में, सेवा में बेहतर सुरक्षा और स्थिरता प्राप्त होती है।	नौकरी की सुरक्षा अपेक्षाकृत कम होती है, और वैश्विक आर्थिक परिदृश्य और प्रतिस्पर्धाओं पर निर्भर करती है।

9. उत्तरदायित्व	सिविल सेवक तंत्र में जनता के विश्वास के संरक्षक हैं। इसलिए, उनका अपने कार्यों के प्रति उत्तरदायित्व भी अधिक होता है।	कॉर्पोरेट नौकरी करने वाला व्यक्ति सीधे जनता के प्रति जवाबदेह नहीं होता है और इसलिए, जाँच और जवाबदेही भी कम होती है।
10. कार्य संतुष्टि	सिविल सेवा देश में, वर्तमान समय में उपलब्ध सभी करियर अवसरों में से उच्चतम कार्य संतुष्टि प्रदान करती है।	सिविल सेवाओं की तुलना में नौकरी से संतुष्टि काफी कम होती है।

नौकरी की विशिष्ट बनाम सामान्यीकृत प्रकृति

सिविल सेवाओं के विरुद्ध दिया जाने वाला एक तर्क यह है कि वे सीमित विशेषज्ञता वाली सामान्यीकृत सेवाएँ हैं और यह कुछ हद तक लालफीताशाही का कारण बनती हैं, जो देश के विकास की गति को धीमा कर देती हैं। वैश्विक तापन, ऊर्जा दक्षता, आर्टिफिशियल इंटेलिजेंस, क्रिप्टोकरेंसी, मशीन लर्निंग, साइबरस्पेस, इंटरनेट ऑफ थिंग्स आदि जैसी नई चुनौतियों के सामने यह और अधिक प्रासंगिक हो जाता है। आमतौर पर यह माना जाता है कि निजी क्षेत्र इस तरह की चुनौतियों का सामना करने में अधिक सफल होता है।

इसके अतिरिक्त, कई नौकरियों को तकनीकी हमले से खतरा होता है और इसलिए, सिविल सेवाओं जैसी सामान्यीकृत सेवाओं की प्रासंगिकता पर सवाल उठाया जाता है। हमें आमतौर पर यह भी सिखाया जाता है कि एक

📖 कॉर्पोरेट नौकरी बनाम सिविल सेवा 📖

जटिल और अत्यधिक प्रतिस्पर्धी दुनिया में जीवित रहने के लिए, हमें कुछ विशेष करियर विकल्पों तक सीमित रहना चाहिए। अत: यह बिल्कुल स्पष्ट हो जाता है कि भविष्य कॉर्पोरेट क्षेत्र जैसी विशिष्ट नौकरियों के साथ है। क्या आपको सिविल सेवा और कॉर्पोरेट नौकरी के बीच चयन करते समय इसे ध्यान में रखना चाहिए?

मनोवैज्ञानिक डेनियल कानमन और गैरी क्लेन ने स्वतंत्र रूप से यह पता लगाने के लिए कई अध्ययन किए कि अनुभव और विशेषज्ञता के बीच कोई महत्त्वपूर्ण संबंध होता है या नहीं? मुख्य कारक जो यह निर्धारित करता है कि अनुभव अनिवार्य रूप से आपकी विशेषज्ञता बढ़ाएगा या नहीं, वह है आपका कार्यक्षेत्र (डोमेन)। (क्लेन, 2009) कई अध्ययनों से पता चला है कि वास्तव में जरूरी नहीं है कि अनुभव और दोहराव से प्रदर्शन या सीखने की प्रक्रिया बेहतर हो। विविधता ही सीखने वाले को अधिक सफल बनाती है। उन्हें ज्ञान तो होता है, वे पूर्वनिश्चित सिद्धांतों पर अटल न बने रहकर, इस ज्ञान का अलग-अलग क्षेत्रों में माँग के अनुरूप उपयोग करते हैं। एक कार्य से प्राप्त ज्ञान को वे उत्कृष्टतापूर्वक, दूसरी जगह रचनात्मक रूप से प्रयोग कर लेते हैं। इसलिए कह सकते हैं कि अनिश्चित पैटर्न वाले क्षेत्र में विशेषज्ञता प्राप्त करने के लिए मेहनत करना बेकार है। उदाहरण के लिए, प्रशासनिक कार्यों जैसे सिविल सेवा में आपको एक विस्तृत कार्यक्षेत्र में काम करना होता है और विविध कार्यक्षेत्रों से प्राप्त अनुभव ही आपकी किसी क्षेत्र-विशेष में विशेषज्ञता को तय करता है। यहाँ चुनौतियाँ निश्चित नहीं होती हैं, ना ही उनसे निपटने के तरीके। इसलिए विविधता के साथ ही इस क्षेत्र में आगे बढ़ा जा सकता है। (एपस्टीन, 2019)

इसके अतिरिक्त सिविल सेवाएँ अनुभव के साथ आपके कौशल को विकसित करने के पर्याप्त अवसर प्रदान करती हैं। इसलिए सामान्यवादियों और विशेषज्ञों के बीच बहस वहाँ लागू होनी चाहिए जहाँ डोमेन कठोर है, कौशल अच्छी तरह से परिभाषित हैं, नियम प्रतिबंधित हैं और मानदंड के प्रकार निर्दिष्ट हैं। ऐसी नौकरी में जहाँ इनमें से कोई भी कारक लागू नहीं होता है, आपको एक सामान्यवादी होना चाहिए। इससे भी महत्त्वपूर्ण बात यह है कि सिविल सेवा में आप नेतृत्व की स्थिति में होते हैं जहाँ आपको विभिन्न प्रकार के मामलों पर निर्णय लेना होता है, जिसके लिए व्यापक समझ की आवश्यकता होती है। अक्सर विशेषज्ञता से जुड़ा संकीर्ण दृष्टिकोण हमेशा नहीं चल सकता है। इसलिए, इन मापदंडों को ध्यान में रखते हुए अपनी पसंद के अनुसार चयन करें।

21वीं सदी की नौकरशाही

सिविल सेवाओं और कॉर्पोरेट नौकरी के बीच तुलना के सभी मानदंडों पर विचार करने के बाद, आप यह समझ चुके होंगे कि आज नौकरशाही वह नहीं है जो पहले कभी हुआ करती थी। अब हम 19वीं सदी में नहीं रहते। हालाँकि साधारण और तटस्थ बने रहना अब भी बहुत अच्छा माना जाता है फिर भी, इक्कीसवीं सदी में यह बहुत कठिन है। सोशल मीडिया युग और त्वरित शिकायत निवारण तंत्र का मतलब है कि अधिकारियों को अक्सर सोशल मीडिया मंचों पर उपस्थित होना पड़ता है, सरकारी कार्यक्रमों पर चर्चा करनी होती है। लोगों में जागरूकता पैदा कर, समस्याओं का समाधान करना और जनता के विचार जानने के लिए भी सोशल मीडिया पर सक्रिय रहना पड़ता है।

कॉर्पोरेट नौकरी बनाम सिविल सेवा

इसलिए, वर्तमान समय में नौकरशाही सभी सेवाओं में सार्वजनिक संपर्क का एक बड़ा अवसर प्रदान करती है। सामाजिक मान्यता भी अब बहुत व्यापक है। इसका एक महत्त्वपूर्ण परिणाम यह है कि आज अधिकारी उस अतिरिक्त कार्य को कर सकते हैं और अपने काम का प्रदर्शन भी कर सकते हैं। जबकि नौकरशाही में गुमनामी के संदर्भ में यह विवाद का विषय है। फिर भी, यह व्यक्तिगत उद्यम के कुछ मार्ग प्रदान करता है जो पहले केवल निजी क्षेत्र की नौकरी तक ही सीमित था। इसने सार्वजनिक सेवा के कई नवीन तरीकों को भी जन्म दिया है। उदाहरण के लिए, एक आईएएस अधिकारी, श्री आर्मस्ट्रांग पामे, जिन्होंने सरकार की मदद के बिना 100 कि.मी. सड़क बनाई, मुख्य रूप से सोशल मीडिया का उपयोग कर रहे थे।

साथ ही, जब नए कौशल प्राप्त करने की बात आती है तो सरकार अधिकारियों को कौशल विकास के लिए प्रोत्साहित करती है और कई मंच भी प्रदान करती है। इसलिए बस जरूरत है अधिकारी में उत्साह और जज्बे और बढ़ते रहने की इच्छा की। नौकरशाही आज अधिक गतिशील, मुक्त और धीरे-धीरे अधिक कौशल-उन्मुख होती जा रही है। हालाँकि विरोधियों का मानना है कि नई तकनीक के तीव्र प्रवाह में सिविल सेवाएँ अपना आकर्षण खो रही हैं, मेरा मानना है कि यह शासन में रहने का सबसे अच्छा समय है, नई चुनौतियाँ हैं, जोखिम अधिक हैं और व्यक्तिगत और व्यावसायिक विकास के अवसर बहुत अधिक हैं।

अध्याय

3

मुद्दे एवं चुनौतियाँ

सिविल सेवा में व्यक्तिगत जीवन और पेशेवर जीवन के बीच सामंजस्य बनाना एक चुनौती बन जाता है। सिविल सेवाओं में आने वाली चुनौतियों का स्वरूप, कॉर्पोरेट नौकरी से बिलकुल अलग होता है। इनमें से कुछ मुद्दों पर नीचे चर्चा की गई है:

1. **स्थानांतरण :** सिविल सेवाओं में स्थानांतरण अक्सर ही होते रहते हैं। स्थानांतरण किसी भी कारण से हो सकता है, लेकिन इसका सीधा असर एक अधिकारी के निजी जीवन पर पड़ता है। समस्या तब और भी चुनौतीपूर्ण हो जाती है जब आपके पति या पत्नी कामकाजी हों और आपकी पोस्टिंग की जगह आपके साथी के लिए उपयुक्त न हो।

चूंकि स्थानांतरण समय-समय पर होता रहेगा, इसलिए यह परिवार-नियोजन के लिए एक चुनौती बन जाता है।

2. **राजनीतिक हस्तक्षेप :** यह काम करने के पूरे वातावरण को ही प्रभावित करता है। इसके अतिरिक्त, यह अधिकारी की तटस्थता में हस्तक्षेप करता है और स्थानांतरण, पोस्टिंग और कभी-कभी पदोन्नति को भी प्रभावित करता है।

3. **मान्यता :** जैसा कि पहले चर्चा की जा चुकी है कि सरकार में अधिकारियों को उनके पद और रैंक के आधार पर वेतन का भुगतान किया जाता है। इसका मतलब है कि किसी भी तरह का अतिरिक्त कौशल हासिल या असाधारण काम करने से अधिक पारिश्रमिक नहीं मिलेगा, हालाँकि कभी-कभी इनाम दिए जाते हैं। इसलिए, कॉर्पोरेट नौकरी की तुलना में उत्कृष्टता का महत्त्व कुछ सीमा तक कम है।

4. **भ्रष्टाचार :** सार्वजनिक क्षेत्र में भ्रष्टाचार व्यापक रूप से पैठ बना चुका है, यह तथ्य सर्विदित है। अधिकारी को इससे भी निपटना होता है, उस पर काबू पाना होता है और अपने अधीनस्थ को इसमें शामिल न होने के लिए उपयुक्त रूप से प्रेरित करना होता है। एक तरह से आपको अपने आचरण से इस बात को सिद्ध करना होता है।

5. **वैवाहिक जीवन :** अधिकारियों के बीच तलाक की दर काफी अधिक है और निरंतर बढ़ रही है। प्राथमिक कारण कम निजी समय की उपलब्धता के साथ अधिक व्यस्तता है। अगर आपका जीवनसाथी निजी क्षेत्र में है तो यह और भी मुश्किल हो जाता है क्योंकि कार्यस्थल भी अलग होता है। यदि दोनों पति-पत्नी सिविल सेवा में हैं, तो अहं का टकराव एक अन्य चुनौती होती है।

6. **जनता की धारणा :** आपने अक्सर सुना होगा कि 'अधिकारी भ्रष्ट होते हैं', 'नौकरशाह आलसी होते हैं', 'अधिकारियों ने देश को बर्बाद कर दिया है' आदि। अधिकांश अधिकारियों के ईमानदार और मेहनती होने के बावजूद, जनता की धारणा नहीं टूटती और इस बात से आपकी भावनाएँ भी आहत होती हैं। आप चाहे कितनी भी मेहनत कर लें, जनता की धारणा बहुत धीरे-धीरे बदलती है।

7. **गहन संवीक्षा :** एक अधिकारी के रूप में, आप लगातार जाँच के दायरे में होते हैं और अक्सर एक छोटी-सी अनजाने में हुई गलती को भी जानबूझकर किया गया कदाचार समझ लिया जाता है। आपको बेहतर प्रदर्शन करने के लिए प्रेरित किया जाएगा लेकिन कहीं-न-कहीं आप ईमानदार प्रदर्शन से जुड़े जोखिम से डरते रहेंगे। धीरे-धीरे कुछ अधिकारी इन धमकियों के आगे झुक जाते हैं और बाद में उन्हें इसकी आदत पड़ जाती है जबकि कई अन्य संघर्ष करते रहते हैं। इससे अधिकारियों की दक्षता पर दुष्प्रभाव पड़ता है।

8. **गुटबाजी :** शासन में ऐतिहासिक कारणों और पूरी व्यवस्था के कारण, जाति, भाषा, क्षेत्र और धर्म के आधार पर अनेक किस्म के गुट बन जाते हैं। ये गुट अक्सर प्रभावशाली होते हैं और कई बार एक अधिकारी को ऐसे गुटों की इच्छा के आगे झुकना पड़ जाता है। जबकि किसी भी बहुराष्ट्रीय कंपनी में यह देखने को नहीं मिलता, जहाँ महानगरीय प्रकृति ऐसे समूहों के गठन के दायरे को सीमित कर देती है।

9. **अपेक्षा बनाम वास्तविकता :** एक सिविल सेवक का जीवन वह नहीं है जो आप फिल्मों में देखते हैं। वह नहीं है जो आप किताबों

में पढ़ते हैं। यह कुछ अधिक विविध कार्यवाहियों और सामाजिक मान्यता के साथ किसी भी अन्य नौकरी की तरह है। यह ऐसा नहीं है कि सभी बत्ती वाली गाड़ी देखकर यातायात रुक जायेगा और लोग विस्मय में पड़ जाएंगे। वास्तव में ऐसा कुछ नहीं होता, बल्कि यदि आप यातायात नियमों का पालन नहीं करते हैं, तो आपको भी जुर्माना देना पड़ेगा।

10. **करियर बदलने की सुविधा :** सिविल सेवा में आने के बाद करियर बदलना संभव नहीं होता है। आप परीक्षा में सफल होने के बाद यहाँ प्रवेश करते हैं। लेकिन आप इसे छोड़कर वापस नहीं आ सकते। आप विभाग बदल सकते हैं, आप कार्यस्थल बदल सकते हैं, या आप मंत्रालय बदल सकते हैं लेकिन अंत में, आप शासन में ही रहेंगे। करियर की प्रगति के लिए नौकरी बदलने में आसानी सिविल सेवा के मामले में नहीं हो सकती है।

धन के अतिरिक्त, लोग सिविल सेवक बनने का निर्णय क्यों लेते हैं?

पैसा सिर्फ एक तरह की संपदा है। यहाँ यह उल्लेखनीय है कि धन बहुआयामी होता है। एक अच्छा परिवार, एक स्वस्थ जीवन, करीबी दोस्त और जो लोग आपसे प्यार करते हैं, वे सभी आपकी संपदा का हिस्सा हैं। संपदा का एक महत्त्वपूर्ण पहलू, विशेष रूप से भारतीय संदर्भ में, सामाजिक प्रतिष्ठा और लोगों के जीवन में सकारात्मक परिवर्तन लाने की शक्ति है।

और इस तरह सिविल सेवा से सामाजिक प्रतिष्ठा और शक्ति दोनों ही प्राप्त करने के अवसर प्राप्त होते हैं। केंद्र सरकार के ग्रुप ए/प्रथम श्रेणी के

UPSC क्रैक करने के गुरुमंत्र

अधिकारी अपने-अपने विभागों के प्रमुख होते हैं और एक तरह से नीति-नियोजन और नीति-निष्पादन में महत्त्वपूर्ण भूमिका निभाते हैं। इस तरह यह एक बड़े पैमाने पर लोगों की मदद करने का अवसर प्रदान करता है। मैं स्वयं अपने अनुभव से उदाहरण देते हुए बताना चाहता हूँ, मैं 2016 बैच का अधिकारी हूँ, 2018 में मैं कर्नाटक के बीजापुर का सहायक आयुक्त था। उसी वर्ष मुझे बागलकोट जिले के एमएसएमई (मध्यम, लघु और कुटीर उद्योग) के विकास के लिए नोडल अधिकारी भी बनाया गया था। उस समय, मैंने प्रसिद्ध इलकल साड़ियों के हथकरघा श्रमिकों के साथ पहली बार बातचीत की। मैं मध्य प्रदेश से हूँ, लेकिन मुझे उत्तरी कर्नाटक के ग्रामीण इलाकों में भ्रमण करने और अन्वेषण करने का अवसर मिला।

वर्ष 2019 में, मैंने अवैध सामान ले जा रहे एक ट्रक का पीछा करने वाले अभियान का नेतृत्व किया। कई घंटों तक पीछा चला लेकिन इससे मुझे कानून प्रवर्तन में व्यावहारिक स्तर पर चुनौतियों का प्रत्यक्ष अनुभव मिला। इस तरह के अभियानों से जोखिम और साहस का अद्वितीय अनुभव आपको प्राप्त होता है। इसलिए, आपका अनुभव किसी विशेष कार्यक्षेत्र तक सीमित नहीं होता है। COVID-19 महामारी के दौरान, अधिकारियों का विशाल तंत्र एक संयुक्त मोर्चा बनाकर संकट से निपटने के लिए तैयार किया गया था। हम सभी अपने रोजमर्रा के कर्त्तव्यों को पूरा कर रहे थे, लेकिन साथ ही, हम लोगों की हरसंभव मदद कर रहे थे और जिंदगियों को बचाने के लिए हमने जो कुछ भी किया उससे प्राप्त होने वाली संतुष्टि को शब्दों में वर्णित नहीं किया जा सकता है। सिविल सेवा में, आप विभिन्न जगहों से आए विभिन्न वर्गों के लोगों के साथ संपर्क करते हैं। इस तरह से आपका व्यक्तित्व और

📖 मुद्दे एवं चुनौतियाँ 📖

जीवन समृद्ध होता है। नौकरी में कार्यों की विविधता बनी रहती है और जीवन नीरस नहीं लगता। आपके सामने हर दिन कुछ नई चुनौतियाँ आती हैं। सिविल सेवा आपको अपने देश और अपने लोगों की सेवा करने का संतोष प्रदान करती है। मैं फिर से कहना चाहूँगा कि, सिविल सेवा में कार्य संतुष्टि ही वास्तविक प्रेरक शक्ति है।

अध्याय 4

सिविल सेवा से अपेक्षाएँ

यह एक तथ्य है कि लगभग 95% अभ्यर्थी केवल आईएएस अधिकारी बनने के लिए सिविल सेवा परीक्षा में बैठते हैं। कई जिला कलेक्टर पद की चमक-दमक, शक्ति और प्रतिष्ठा से आकर्षित होते हैं। लेकिन क्या आप वास्तव में इसके लिए बने हैं? किसी भी कॉर्पोरेट नौकरी की तैयारी करते समय हम स्पष्ट रहते हैं कि हमें कौन-सा क्षेत्र चाहिए, किस कौशल या विशेषज्ञता की आवश्यकता है, हम अगले 5 वर्षों में स्वयं को कहाँ देखते हैं, और हम किन चुनौतियों का सामना करने जा रहे हैं। लेकिन जब सरकारी नौकरियों की बात आती है तो हम इन सभी मानदंडों की अनदेखी क्यों करते हैं?

📖 सिविल सेवा से अपेक्षाएँ 📖

यह एक कड़वी सच्चाई है कि कुछ ही अभ्यर्थी जानते हैं कि वे आईएएस या आईपीएस अधिकारी क्यों बनना चाहते हैं। कुछ लोगों ने अभी-अभी 'सिंघम' की तरह बनने के लिए सिविल सेवा को चुना है। जबकि कई इस बात से पूरी तरह अनभिज्ञ हैं कि सिविल सेवा में 21 अन्य सेवाएँ भी शामिल हैं। जिसे वांछित सेवा नहीं मिलेगी वह बेहतर सेवा के लिए रोएगा, बेहतर सेवा वाला व्यक्ति बेहतर कैडर के लिए रोएगा। इसलिए, रोना तब तक जारी रहता है जब तक आप यह तय नहीं कर लेते कि आपको वास्तव में क्या चाहिए। तो आप अपने लिए सबसे उचित सेवा कैसे चुनेंगे?

नीचे कुछ मापदंड दिए गए हैं जो आपको चुनने में मदद करेंगे:

1. **आपके काम की पहचान:** आपकी सेवा के दौरान आपके काम को न केवल संगठन में आपके साथियों द्वारा बल्कि समाज में भी सही पहचान मिलनी चाहिए, इसी से वह गहरा संतोष मिलेगा जो आप अपने काम में चाहते हैं। लेकिन सामाजिक मान्यता को, नौकरशाही के लिए आवश्यक साधारणता और तटस्थता की अवधारणा के विरुद्ध नहीं समझना है। ये दोनों अलग-अलग हैं। आपके काम को स्वीकृति और पहचान मिलने से हर बार बेहतर प्रदर्शन करने की प्रेरणा मिलती है। मान्यता और प्रेरणा का सीधा संबंध है।

2. **सार्थक योगदान का अवसर:** आपकी नौकरी ऐसी होनी चाहिए जिसमें आपको अपना सार्थक योगदान देने का पर्याप्त अवसर मिले। यह केवल आपकी सेवा तक ही नहीं बल्कि पूरे तंत्र के लिए उपयोगी सिद्ध हो। उदाहरण के लिए, आपके कार्यालय के फाइल व्यवस्था को डिजिटाइज करने की एक छोटी-सी पहल से ना केवल प्रशासन की

दक्षता में वृद्धि होगी बल्कि प्रदूषण को कम करने में भी एक बड़ा योगदान होगा।

3. **कौशल का उपयोग करने और विकसित करने के अवसर:** एक बार सिविल सेवा परीक्षा में सफल होते ही आपकी यात्रा शुरू हो जाती है। कई अभ्यर्थी इसे अपने संघर्ष का अंत समझते हैं लेकिन यही वास्तव में यहाँ से शुरुआत होती है। अतः आपको ऐसी सेवा चुननी चाहिए जिससे निरंतर आपके कौशल और योग्यता में वृद्धि होती रहे।

4. **अनुकूल कार्य वातावरण:** कार्यस्थल पर एक अच्छा और स्वस्थ वातावरण किसी भी विभाग के प्रदर्शन को बेहतर बनाने में बहुत मदद करता है। आप अपने कार्य में कितने भी कुशल क्यों न हों यदि आपके कार्य स्थल का वातावरण स्वस्थ या अनुकूल नहीं है, तो यह समग्र रूप से हानिकारक सिद्ध होगा। इसके अलावा, जैसे-जैसे आप आगे बढ़ते हैं, एक अच्छा वातावरण आपके आत्मविश्वास और समग्र व्यक्तित्व को निखारता है।

5. **कार्य स्थल पर चुनौतीपूर्ण अवसर :** चुनौतियाँ आपके पेशेवर और व्यक्तिगत जीवन का निर्माण करने में सहायक होती हैं। चुनौतियों के बिना आपको अपना काम साधारण लगने लगेगा और धीरे-धीरे आप काम में रुचि खो देंगे। इसलिए चुनौतियों से भागें नहीं बल्कि उनका सामना करें और उन पर विजय प्राप्त करें।

6. **अधिकार का सही स्तर :** सिविल सेवा परीक्षा पास करना और अधिकारों का उचित प्रयोग न करना किसी काम का नहीं है। आपकी सेवा ऐसी होनी चाहिए जिसमें आपके कौशल का उचित उपयोग

📖 सिविल सेवा से अपेक्षाएँ 📖

हो सके। अपने अधिकारों का उचित प्रयोग कर समाज में कुछ सकारात्मक बदलाव करना सिविल सेवा को चुनने का मूल कारण होना चाहिए।

इन मापदंडों के आधार पर, समग्र कार्य संतुष्टि प्राप्त की जाती है। कार्मिक और प्रशिक्षण विभाग (डीओपीटी) द्वारा 2010 का सिविल सेवा सर्वेक्षण विभिन्न सेवाओं में नौकरी से संतुष्टि के संबंध में निम्नांकित चित्र प्रस्तुत करता है।

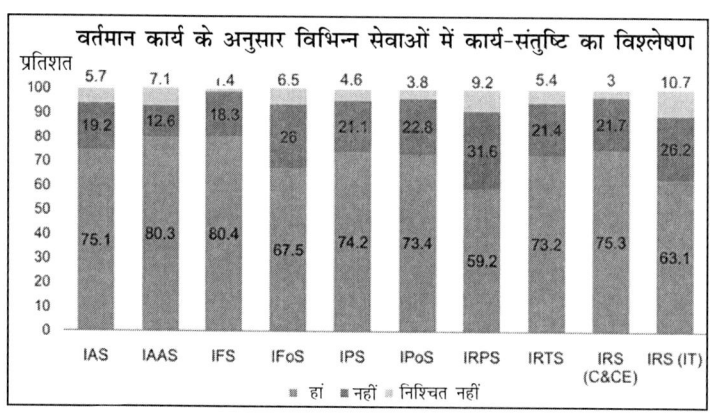

सेवा	हाँ	नहीं	निश्चित नहीं
IAS	75.1	19.2	5.7
IAAS	80.3	12.6	7.1
IFS	80.4	18.3	1.4
IFoS	67.5	26	6.5
IPS	74.2	21.1	4.6
IPoS	73.4	22.8	3.8
IRPS	59.2	31.6	9.2
IRTS	73.2	21.4	5.4
IRS (C&CE)	75.3	21.7	3
IRS (IT)	63.1	26.2	10.7

वर्तमान कार्य के अनुसार विभिन्न सेवाओं में कार्य-संतुष्टि का विश्लेषण

व्यक्तिगत और व्यावसायिक जीवन का प्रबंधन

शुरुआत में आप, समाज में क्रांतिकारी परिवर्तन लाने के लिए उत्साह से लबालब भरे होते हैं, लेकिन जैसे-जैसे आप आगे बढ़ते हैं, आपको ज्ञात होता है कि व्यवस्था बहुत धीरे-धीरे चलती है। सुधार होते हैं लेकिन समय लगता है। नियम बाध्यकारी हैं। समाज, मीडिया, न्यायपालिका, सतर्कता विभाग आदि द्वारा लगातार आप पर नजर रखी जाती है। धीरे-धीरे आपका उत्साह व्यावहारिकता और शालीनता में बदल जाता है।

UPSC क्रैक करने के गुरुमंत्र

अत: आपके द्वारा चुनी गई सेवा से आपको कुछ विवेक और अधिकार प्राप्त होने चाहिए। इससे आपके पेशेवर और व्यक्तिगत रूप से भी विकास की पर्याप्त गुंजाइश बनी रहती है। हममें से अधिकांश लोग अपने करियर के विषय में ही अधिक चिंतित रहते हैं जबकि व्यक्तिगत जीवन पर पर्याप्त विचार करना भी उतना ही महत्त्वपूर्ण है। क्या आप अपने शौक या व्यक्तिगत रुचि के विकास के लिए समय निकाल सकते हैं? क्या आप अपने परिवार को पर्याप्त समय दे सकते हैं? क्या आप सिर्फ सप्ताहांत में ही परिवार से मिलते हैं? आपको इन सवालों पर गंभीरता से विचार करना चाहिए।

यह एक दुखद सत्य है कि अधिकारियों के बीच तलाक की दर काफी अधिक है। काम और व्यक्तिगत जीवन में पैदा हुए असंतुलन को नजरंदाज करने की बड़ी कीमत चुकानी पड़ती है। एक सिविल सेवक के लिए अपने कर्त्तव्य को लगन से निभाने के लिए एक शांतिपूर्ण व्यक्तिगत जीवन होना भी उतना ही महत्त्वपूर्ण है। 1990 के दशक से निजी क्षेत्र के विकास ने रोजगार के कई अवसर पैदा किए हैं। जबकि अधिकांश कॉर्पोरेट नौकरियाँ महानगरों में केंद्रित हैं, एक अखिल भारतीय सेवा का अधिकारी अपने करियर की शुरुआत ग्रामीण पृष्ठभूमि से करता है। इसे देखते हुए कार्य-जीवन संतुलन बनाए रखना जरूरी हो जाता है। हालाँकि, पति या पत्नी यदि अलग-अलग नौकरियों में हैं तो अहं का टकराव होता रहेगा, अत: कह सकते हैं कि अंतर-सेवा विवाह भी आसान नहीं है।

इसलिए, सेवा का निर्णय लेते समय इन सभी कारकों को ध्यान में रखा जाना चाहिए। लेकिन सबसे महत्त्वपूर्ण बात यह है कि आपके पास नौकरी के प्रति सही दृष्टिकोण और कौशल होना चाहिए।

अध्याय 5

सिविल सेवा से मोहभंग

शुरुआत में आप एक योग्य और उत्साही युवा अधिकारी होते हैं, जिसकी एकमात्र महत्त्वाकांक्षा होती है व्यवस्था को बेहतर करना। एक सिविल सेवक के रूप में आप समाज की बेहतरी के लिए कार्य करना चाहते हैं। लेकिन धीरे-धीरे प्रतिष्ठा, धन और सत्ता की चमक आपकी प्रेरणा को धूमिल कर देती है और जिस रूप में आपने कार्य शुरू किया था अंत तक आते-आते बिलकुल बदल जाता है। एक सिविल सेवक के रूप में, आपको सीधे ही लोगों के साथ समन्वय स्थापित करना होता है। यदि जनता के साथ बातचीत करना, उनकी समस्याओं सुनना और उनके प्रति सहानुभूति रखना, उनकी शिकायतों का समाधान उपलब्ध कराना और नए-नए तरीके

अपनाकर समन्वय स्थापित करना आपके लिए मुश्किल है तो सिविल सेवा आपके लिए नहीं है। और उचित भी यही है कि इस नौकरी के बजाय वो काम किया जाए जो आपको पसंद हो।

यदि सिविल सेवा और कॉर्पोरेट क्षेत्र में समान पद के लिए दिए जाने वाले वेतन की तुलना की जाए तो निश्चित ही कॉर्पोरेट वेतन अधिक होगा। अब, यह तुलना क्यों महत्त्वपूर्ण है? सिर्फ इसलिए कि जैसे-जैसे समय बीतता जाता है, वेतन में अंतर भी बढ़ता जाता है। इसलिए जब आप कॉर्पोरेट जॉब करने वाले अपने दोस्तों को विदेश में छुट्टियां मनाते हुए, लग्जरी कार, घर आदि खरीदते हुए देखेंगे तो हो सकता है कि सिविल सेवा के प्रति आपका मोहभंग हो जाए। यह मोहभंग या तो आपको अपना करियर बदलने के लिए प्रेरित करेगा या फिर भ्रष्टाचार की ओर ले जाएगा। दोनों ही परिस्थितियों में, आप अपने काम के साथ न्याय नहीं कर पाएँगे। लोक सेवकों की यह हताशा या मोहभंग आज हमारे देश में एक बड़ी समस्या है। जब अपेक्षाएँ वास्तविकता से मेल नहीं खातीं, तो यह निराशा और असंतोष की ओर ले जाती हैं।

इसलिए, सिविल सेवा को करियर के रूप में चुनने की आपकी प्रेरणा एकदम स्पष्ट होनी चाहिए। आप सेवा में क्यों शामिल हुए हैं? यदि आर्थिक संतुष्टि और विलासितापूर्ण जीवन आपकी प्रमुख चिंता है, तो सिविल सेवाएँ आपके लिए नहीं हैं। यह नौकरी आपसे जनसेवा करने की अपेक्षा करती है। आप शासन व्यवस्था में जनता के विश्वास के संरक्षक हैं और इसलिए, आपकी सत्यनिष्ठा और लोकसेवा के लिए प्रतिबद्धता बिना किसी शर्त के होनी चाहिए। इस कार्य में अपने स्वार्थ के लिए किसी भी प्रकार की अपेक्षा रखना आपके पद की गरिमा के लिए हानिकारक है।

📖 सिविल सेवा से मोहभंग 📖

इसके अलावा, इस मोहभंग या हताशा के कॉर्पोरेट नौकरी वाले अपने साथियों के साथ तुलना के अलावा भी कई कारण हो सकते हैं। जैसे, कई बार देखने में आता है कि एक ईमानदार अधिकारी को छोटी-सी गलती के लिए गंभीर रूप से दंडित किया जाता है तो निराशा होती ही है। आप व्यवस्था में सुधार के लिए चाहे कितने भी उत्साहित क्यों न हों, लेकिन किसी भी चीज को बदलने में समय तो लगता ही है। तो क्यों न आप एक पक्ष को चुन लें, लेकिन जिस क्षण आप ऐसा करते हैं, आप तटस्थ नहीं रह जाते और किसी भी प्रकार का पूर्वाग्रह लोक सेवा के लिए हानिकारक है। आप यह नहीं चुन सकते कि किसे मुक्त रखना है, किसे दंड देना है और किसे संरक्षण देना है। आपको यहाँ केवल अपना कर्त्तव्य निभाना है।

सत्य तो यह है कि हम सभी मान्यता या पहचान की अपेक्षा करते हैं। जैसे कि सोशल मीडिया पर, एक अधिकारी लोगों के बीच 'इनफ्लुएँसर' (प्रभावित करने वाला) बन जाता है, आपके कार्यक्षेत्र में या सामाजिक जीवन में भी सभी मान्यता चाहते हैं। लेकिन सिविल सेवाओं के साथ आने वाली सत्ता या अधिकार की भावना खतरनाक है। जैसा कि मैंने पहले उल्लेख किया है, एक सिविल सेवक के लाभों को उसके कर्त्तव्य के साथ जोड़कर भ्रमित न हों। यह कभी न मानें कि पद से जुड़े विशेषाधिकार आपके अधिकार हैं। कुछ भी स्थायी नहीं है। इससे भी महत्त्वपूर्ण बात यह है कि जितना अधिक आप पहचान के लिए तरसते हैं, उतना ही अधिक आप अपने अहंकार को बढ़ाते जाते हैं और जनसामान्य से आप उतने ही अधिक दूर होते जाते हैं। एक सिविल सेवक के रूप में, आपको लोगों के साथ सीधा संपर्क रखना होता है, अत: आपको उनकी समस्याओं को समझने के लिए सुलभता से उपलब्ध होना चाहिए।

तो सिविल सेवाओं को चुनने के लिए आपकी प्रेरणा क्या होनी चाहिए। सरल शब्दों में, आपकी प्रेरणा जनसेवा, राष्ट्रीय विकास और अपने कर्त्तव्य के प्रति प्रतिबद्धता होनी चाहिए। यही भगवतगीता के अनुसार 'निष्काम कर्म' है। देश और जनता के प्रति प्रतिबद्धता की पूरी भावना के साथ अपना कर्त्तव्य निभाएँ और आपके व्यक्तिगत हितों का ध्यान रखा जाएगा। सातवें वेतन आयोग के बाद एक सिविल सेवक के वेतन में काफी संतोषजनक वृद्धि हुई है, जो कि आपकी जरूरत को पूरा करने के लिए पर्याप्त है। आपको बस अपनी चाहतों पर लगाम लगानी है।

इन सभी बातों को ध्यान में रखकर स्वयं निर्णय लें और फिर परीक्षा दें। देश को ईमानदार, साहसी और प्रतिबद्ध अधिकारियों की जरूरत है। आप भी उनमें से एक बनकर गर्व का अनुभव कीजिए।

महत्त्वपूर्ण बिंदु

इस अध्याय का उद्देश्य आपको अपने करियर के संबंध में स्पष्ट चुनाव करने के लिए प्रोत्साहित करना है। आप एक कॉर्पोरेट नौकरी या सिविल सेवा चुन सकते हैं। लेकिन आप जो भी करियर चुनें, पूरे विश्वास के साथ सोच-समझकर उसका चयन करें। ऐसा करने के लिए आपको स्वयं से पूछना चाहिए कि आपको अपने करियर और अपने जीवन से क्या अपेक्षाएँ हैं? और क्या आपका चुना हुआ करियर विकल्प इसके साथ मेल खाता है? यदि आप सिविल सेवा परीक्षा में बैठने का निर्णय लेते हैं तो आपको अपनी अपेक्षाओं पर लगाम लगाना आना चाहिए। सिविल सेवाओं में शामिल होने की आपकी प्रेरणा स्वाभाविक रूप से सार्वजनिक सेवा की भावना से प्रेरित होनी चाहिए। इसके अतिरिक्त कुछ भी नहीं।

सिविल सेवा से मोहभंग

यदि आपने सिविल सेवा परीक्षा देने का फैसला कर लिया है तो अगला अध्याय आपको तैयारी करने के तरीके के बारे में बताएगा कि आपको किन गलतियों से बचना चाहिए और किस तरह आप समय का बेहतर प्रबंधन कर सकते हैं।

❏❏

भाग - 2
सिविल सेवा की तैयारी वास्तव में कैसे करनी चाहिए?

सिविल सेवा परीक्षा ने हमारे देश में ऐसा दैवीय स्थान प्राप्त कर लिया है कि इसकी तैयारी का उल्लेख मात्र कभी प्रेरणा तो कभी उपहास का कारण बन सकता है। भले ही आपने इस परीक्षा की तैयारी करने का निर्णय लिया हो या नहीं, यह तथ्य ध्यान में रखा जाए कि *अंततः है तो यह एक परीक्षा ही* इस परीक्षा में सफल होना आपको केंद्र सरकार के प्रथम श्रेणी के पदाधिकारियों में शामिल कर सकता है। यह भी अन्य नौकरियों की तरह एक नौकरी ही है।

अब, आपको यह सब बताने के पीछे मेरा उद्देश्य यह है कि आप एक ऐसी परीक्षा की तैयारी कर रहे हैं जो शासकीय क्षेत्र में नौकरी करने का

अवसर प्रदान करेगी। एक प्रशासनिक अधिकारी होने के कारण आपका जोर सरकार की नीतियों का क्रियान्वयन और प्रबंधन कराने पर होगा। आपका काम योजनाओं से व्यक्तिगत रूप से जुड़ना या अपना प्रचार करना नहीं है। ऐसा करने से आप सिविल सेवा में सम्मिलित होने की मूल प्रेरणा जो कि राष्ट्र और उसके लोगों की सेवा करना है को ठेस पहुँचा रहे होंगे। अत: इसका पहला पाठ यही है कि परीक्षा की तैयारी शुरू करें लेकिन उसे सार्वजनिक न करें। अपनी तैयारी को अपने तक ही रखकर स्वयं को परखें। *अंधेरे में शस्त्रों को धार दें और सही समय आने पर वज्र प्रहार करें।*

इसके साथ एक और महत्त्वपूर्ण बात यह है कि सिर्फ बड़े कोचिंग संस्थानों में प्रवेश लेना आपकी सफलता सुनिश्चित नहीं कर देता है। ऐसे संस्थानों द्वारा किए। तिलिस्मी वादों और उपलब्ध कराए गए महंगे साधनों के बल पर अति आत्मविश्वास से भरे कई अभ्यर्थियों को मैंने देखा है। विश्वास कीजिए इन संस्थानों के अधिकांश छात्र इनके नाम से आकर्षित होकर प्रवेश ले लेते हैं लेकिन वे तैयारी उतनी गंभीरता से नहीं करते हैं। आप इस तथ्य पर गौर करें कि अभ्यर्थियों की संख्या काफी ज्यादा होने के बाद भी आपकी प्रतिस्पर्धा में केवल पंद्रह से बीस हजार छात्र ही प्रारंभिक परीक्षा में सफल होंगे। प्रारंभिक परीक्षा में बैठने वाले छात्रों की भारी संख्या देखकर भ्रमित न हों। मान लीजिए यदि परीक्षा के लिए आवेदन करने वालों की संख्या दस लाख है तो उनमें से केवल 50% ही परीक्षा के लिए उपस्थित होंगे। इसमें भी पूरी लगन और मेहनत से तैयारी करने वालों का आंकड़ा 2 से 5% ही है।

आपको कोचिंग लेनी चाहिए या नहीं? खैर, इस प्रश्न के किसी भी निर्णय पर पहुँचने से पहले आपको परीक्षा के विषय में जानकारी और अपनी क्षमताओं का आकलन कर लेना चाहिए। कोचिंग लेने या ना लेने का निर्णय व्यक्तिगत है और कुछ निर्धारित मानदंडों पर परख लेने के बाद ही यह निर्णय

📖 सिविल सेवा की तैयारी वास्तव में कैसे करनी चाहिए? 📖

लिया जाना चाहिए। हालाँकि, कोचिंग लेना बहुत जरूरी नहीं है। ऐसे अनेक उदाहरण हैं कि बिना किसी विशेष कोचिंग संस्थान में प्रवेश लिए, केवल स्वाध्याय के बल पर ही अभ्यर्थी इस परीक्षा में सफल हुए हैं। इसलिए परीक्षा की यात्रा में सामने आने वाले मिथकों पर आँख मूँदकर विश्वास करने से पहले उन्हें सच्चाई की कसौटी पर कस लेना चाहिए।

आपको परीक्षा की तैयारी कैसे करनी है, यह आपका निजी फैसला है। आपको टॉपर्स से सलाह लेनी चाहिए लेकिन चूँकि आपकी यात्रा अपने आप में अलग है आपके रास्ते में आने वाली चुनौतियाँ अलग होंगी जिनका हल आपको स्वयं खोजना होगा तो आपको उनका अंधानुकरण नहीं करना चाहिए। इसलिए स्वयं पर ध्यान दें और आपको महसूस होता है कि कोई एक तरीका ज्यादा कारगर है तो आप उसे अपनाइए। दूसरे क्या कह रहे हैं या किस तरीके से प्रतिक्रिया देंगे, इस पर ज्यादा ध्यान न दें। इससे कोई अंतर नहीं पड़ेगा क्योंकि आपने अपना रास्ता स्वयं निकाला है और अधिकारी बनने का फैसला भी आपका स्वयं का है। इसलिए दूसरों की सुनें लेकिन उसमें से क्या सबसे अच्छा है ये आपको स्वयं ही समझकर अपने व्यवहार में लाना है।

इस भाग में मैं तैयारी से जुड़े विभिन्न पहलुओं पर अपनी चर्चा करूँगा जिन पर सामान्यतया अभ्यर्थियों को असमंजस की स्थिति का सामना करना पड़ता है जैसे- कोचिंग या स्वाध्याय, दिल्ली या घर, वैकल्पिक विषय का चयन, पढ़ाई आरंभ करना, बुनियादी पाठ्यपुस्तकों का महत्त्व, परीक्षा के लिए एक व्यवस्थित दृष्टिकोण विकसित करना और पूरी प्रक्रिया के दौरान स्वयं को प्रेरित करते रहना। मैं इस प्रक्रिया में कई मिथकों को भी दूर करूँगा। यह भाग अभ्यर्थियों द्वारा सामान्य रूप से की गई गलतियों और आपको उनसे कैसे बचना है यह भी बताएगा।

❐❐

अध्याय
6
कोचिंग बनाम स्व-अध्ययन

विगत वर्षों में कोचिंग उद्योग बहुत तेजी से बढ़ा है, आज के समय यह करोड़ों-अरबों रुपए का उद्यम बन चुका है। सिविल सेवा की तैयारी के लिए प्रतिष्ठित कोचिंग संस्थान प्रत्येक अभ्यर्थी से औसतन 1.5 से 2 लाख तक फीस लेते हैं। कुछ संस्थान दावा करते हैं कि हजारों छात्र केवल उन्हीं के संस्थान से तैयारी कर रहे हैं और यह सिर्फ दिल्ली में नहीं है, अनेक अन्य शहरों में भी ऐसे कोचिंग संस्थान रोज खुल रहे हैं, जो हर वर्ष टॉपर्स तैयार करने का दावा करते हैं। हर संस्थान यही दावा करता है कि उसने हर वर्ष सैकड़ों टॉपर्स तैयार किए हैं, या कई टॉपर्स उनके संस्थानों में पढ़े हैं। इन संख्याओं का सत्यापन कभी नहीं किया जाता फिर भी हर वर्ष,

प्रेरक छवियों और विज्ञापनों से प्रभावित होकर, लाखों छात्र फिर से नामांकन करा लेते हैं।

सिविल सेवा परीक्षा की तैयारी के लिए कोचिंग शब्द का इस्तेमाल करना सही नहीं है क्योंकि कोई भी, किसी को उसके बीसवें वर्ष में अध्ययन करने का तरीका नहीं सिखा सकता। आप इस पड़ाव तक पहुँच गए हैं इसका मतलब यह है कि आप पढ़ना तो जानते हैं और आपको सही मायनों में जिस चीज की जरूरत है वह है मार्गदर्शन और इसके लिए आपको उचित सलाह चाहिए। लेकिन इससे पहले क्या आपने स्वयं का मूल्यांकन किया है? आपको कोचिंग की आवश्यकता क्यों है? वे कौन-से क्षेत्र हैं जहाँ आपको मार्गदर्शन की आवश्यकता होती है? क्या आपको पूर्ण मार्गदर्शन की आवश्यकता है या सिर्फ कुछ मामलों में? आपने किस आधार पर अपना मूल्यांकन किया है? आइए पहले इन प्रश्नों के उत्तर खोजते हैं।

आत्म-विश्लेषण करें

कोचिंग लेने के किसी निष्कर्ष पर पहुँचने से पहले आपको अपने मजबूत और कमजोर पक्षों का मूल्यांकन करना पड़ेगा। आपको परीक्षा के पाठ्यक्रम और पैटर्न से परिचित हो जाना चाहिए। पिछले वर्षों के प्रश्नपत्रों का ठीक से अध्ययन करने से पैटर्न को आसनी से समझा जा सकता है। आमतौर पर छात्र इस परीक्षा के पाठ्यक्रम को देखे बिना ही पढ़ाई शुरू कर देते हैं और फिर वे *"दुनिया में मौजूद हर चीज यूपीएससी के पाठ्यक्रम में शामिल है"* इस तरह के कथन कहकर इसे महिमामंडित करेंगे। जबकि सच्चाई कुछ और ही है। सिविल सेवा परीक्षा में अभ्यर्थियों से की गई अपेक्षाओं को एक निश्चित स्वरूप देकर उसकी सीमाओं को अच्छी तरह से परिभाषित कर

कोचिंग बनाम स्व-अध्ययन

पाठ्यक्रम तैयार किया गया है इसके बावजूद, अभ्यर्थी शायद ही पाठ्यक्रम का अध्ययन करते हैं या महत्त्व देते हैं, जो बहुत जरूरी है।

प्रश्नों की प्रकृति और 2013 से पाठ्यक्रम में बदलाव ने प्रक्रिया को रचनात्मक बना दिया है। अब आपसे केवल स्मृति आधारित प्रश्न नहीं पूछे जाते जैसे, यह नहीं पूछा जाता है कि *"पानीपत की पहली लड़ाई कब हुई थी?"* बल्कि वर्तमान समय में ध्यान इस बात पर है कि आपको सोचने पर मजबूर किया जाए जैसे कि, *"लोदी की बेहतर ताकत के बावजूद बाबर ने पानीपत की पहली लड़ाई कैसे जीती?"* पाठ्यक्रम का स्थैतिक भाग कमोबेश अब भी वही है, पर अब अभ्यर्थियों से गहन विश्लेषणात्मक अध्ययन करने की अपेक्षा की जाती है। यह पहलू कोचिंग या स्व-अध्ययन का निर्णय लेते समय ध्यान में रखना चाहिए।

अभी भी कई संस्थानों में, 2013 के पहले के परीक्षा पैटर्न को ही मानक बनाकर उसी आधार पर अध्ययन करने पर जोर दिया जाता है। इसलिए पाठ्यक्रम और पिछले वर्षों के प्रश्नपत्रों को समझकर रणनीति बनाएँ। आज, आपके लिए आवश्यक लगभग पूरी सामग्री इंटरनेट पर नि:शुल्क उपलब्ध है। आप मुफ्त ट्यूटोरियल और यूट्यूब वीडियो की सदस्यता ले सकते हैं और आवश्यक जानकारी प्राप्त कर सकते हैं। इसलिए अपनी योग्यता का विश्लेषण करें और फिर यदि आपको लगे कि कोचिंग की जरूरत है तब किसी अच्छे संस्थान में दाखिला लें।

दिल्ली बनाम घर

जब मैं पहली बार दिल्ली आया तो मैं भी ओल्ड राजेंद्र नगर गया था और वहाँ के वातावरण से मंत्रमुग्ध हो गया लेकिन अगले ही पल मैं उसी से डर

भी गया था। मेरे आस-पास पढ़ने वाले लाखों छात्र थे, हर मिनट मेरी तुलना किसी और से की जा रही थी, मेरे प्रदर्शन को मापा और आँका जा रहा था तथा उसका विश्लेषण किया जा रहा है। वातावरण की तीव्र गतिशीलता को देखकर मेरे मन में आश्चर्य और हताशा दोनों का भाव था। जब मैं अपने घर पर था इस अनुभव से मैं अछूता ही रहा था, दिल्ली में पहली बार मैंने असली प्रतिस्पर्धा देखी।

मैंने ओल्ड राजेन्द्र नगर में एक कमरा किराए पर लेकर रहने की भी योजना बनाई थी, लेकिन पूरे वातावरण को देखते हुए, मैंने यह विचार त्याग दिया। मैंने कोचिंग में दाखिला लिया और लगभग एक लाख रुपए का भुगतान किया, वहाँ की पढ़ाई पुराने पैटर्न पर ही आधारित थी। परीक्षा में 2013 के बदलाव के बाद कार्यप्रणाली में आए परिवर्तनों को शिक्षा में अमल में नहीं लाया गया था। दाखिला लेने के लगभग 2-3 महीने के बाद मैंने कोचिंग सेंटर छोड़ दिया। मैंने टीसीएस में अपनी नौकरी की वजह से नोएडा में रहने का निर्णय लिया और वहीं से अपनी तैयारी भी जारी रखी।

वर्ष 2015 में एक कमरे का औसत किराया आठ से दस हजार रुपए के बीच था। पहला कमरा मुझे ब्रोकर ने दिलाया, जिसमें वायु-संचारण का कोई प्रबंध नहीं था, ऊपर से मुझे उस कमरे को चार अन्य छात्रों के साथ भी साझा करना था। निश्चित ही अब तो किराया और भी बढ़ गया होगा और भोजन, कपड़े और अन्य जरूरी वस्तुओं की कीमतें भी बढ़ गई हैं। एक ऐसी परीक्षा जिसके परीक्षा फॉर्म की कीमत पाँच सौ रुपए से भी कम हो, क्या उसके लिए यह सब आवश्यक है? दिल्ली या किसी भी दूसरे मेट्रो शहर में कोचिंग, ठहरने और खाने के लिए लाखों रुपए खर्च करने की कोई जरूरत नहीं है। आपको बस जरूरत है तो प्रेरणा, समर्पण और वाई-फाई की।

📖 कोचिंग बनाम स्व-अध्ययन 📖

दिल्ली आने का पहला उद्देश्य कोचिंग करना है और जैसा कि मैंने पहले ही कहा है कि यूपीएससी के लिए कोचिंग करना ही एकमात्र शर्त नहीं है और यह अतिश्योक्तिपूर्ण भी है। पूरे देश में विभिन्न स्थानों के केवल पंद्रह से बीस हजार गंभीर अभ्यर्थियों से ही आप प्रतिस्पर्धा कर रहे हैं। इसलिए, यदि आप अपने गृहनगर में ही अध्ययन संबंधी अपनी सभी आवश्यकताओं को पूरा कर सकते हैं और संसाधन जुटा सकते हैं तो एक नए शहर में जाकर अस्थायी रूप से रहने की कोई आवश्यकता नहीं है, जहाँ की महँगी आवासीय सुविधाएँ आपकी शिक्षा की लागत को बढ़ा देते हैं। इसके साथ ही आप जो कुछ भी करते हैं, उसमें आपके प्रयासों को गति मिलनी चाहिए।

तो फैसला आपका है। अगर बहुत आवश्यक हो तब ही दिल्ली जाएँ, अभ्यर्थियों के बीच रहकर प्रतिस्पर्धा करें, लेकिन इस अवसर को मत गँवाइए क्योंकि बर्बाद किया गया वक्त वापस नहीं आएगा और "एस्पिरेंट सिंड्रोम" के झांसे में न आएँ, जिसमें एक व्यक्ति केवल अभ्यर्थी होने का आनंद लेने लगता है। उन्हें सरकार के नीतिगत निर्णयों पर बहस करने में आनंद आने लगता है। इस प्रक्रिया में, वह अधिक-से-अधिक राजनीतिक मुद्दों और परिचर्चाओं में उलझ जाता है और अपने दिल्ली आने के वास्तविक उद्देश्य से भटक जाता है। वह स्वयं को एक सामाजिक कार्यकर्ता समझने लगता है, जिसके कारण उसके अंदर नकारात्मकता आने लगती है। इस तरह वह लक्ष्यहीन होकर दिल्ली से बाहर आ जाता है। हम यही नहीं चाहते कि आप यह गलती दोहराएँ।

यदि आप दिल्ली जाने के इच्छुक हैं तो आपको जाना ही चाहिए लेकिन आपको हर समय यह ध्यान रखना चाहिए कि आप परीक्षा की तैयारी के लिए यहाँ आए हैं। आप अपने दोस्तों के साथ कोई छुट्टी बिताने के लिए नहीं

आए हैं। यही गलती अनेक अभ्यर्थी करते हैं। आप एक बात जितनी जल्दी समझ लें उतना अच्छा है कि पढ़ाई के प्रति जवाबदेही की कमी आपके प्रदर्शन को प्रभावित करती है।

अपने घर या किसी अन्य आरामदायक जगह से तैयारी करने से आपको अनावश्यक खर्चे नहीं करने पड़ेंगे। इसके अलावा, आप यूपीएससी से संबंधित अफवाह बाजार से दूर रहेंगे और इससे आपको पूरा ध्यान पढ़ाई पर केंद्रित करने में सहायता मिलेगी। मैंने इतिहास विषय का चयन वैकल्पिक विषय के रूप में किया। यह आकलन किए बिना कि परीक्षा की दृष्टि से यह अच्छा है या बुरा। मुझे बस इस विषय में अत्यधिक रुचि थी, और यही कारण है कि मैं इसमें उत्कृष्ट प्रदर्शन कर पाया। अगर मैं बाजार की गपशप में उलझ गया होता तो शायद यह पुस्तक न लिख रहा होता। मेरा मानना है कि अपने घर पर आप अपने अध्ययन पर अधिक अच्छी तरह ध्यान केंद्रित सकते हैं क्योंकि वहाँ सकारात्मकता से भरा वातावरण होगा।

अध्याय 7
कुछ सामान्य शंकाएँ

मैं अक्सर ऐसे अभ्यर्थियों से मिलता हूँ जो इस बात को लेकर असमंजस में रहते हैं कि कौन-सा तरीका बेहतर है? यह आपकी स्वयं की पसंद है, जिस तरीके से आपके अध्ययन में मदद मिले वही बेहतर है। इससे कोई फर्क नहीं पड़ता कि आप ऑनलाइन पढ़ाई कर रहे हैं या ऑफलाइन। मैं व्यक्तिगत रूप से ऑनलाइन माध्यम के साथ काफी सहज हूँ क्योंकि इसका एक पक्ष यह है कि मैं अपने अनुसार समय प्रबंधन कर सकता हूँ, और नोट्स बना सकता हूँ। मुझे हमेशा अपनी सारी पुस्तकों की जरूरत नहीं पड़ती।

आज के समय में लगभग सभी पुस्तकें PDF के रूप में नि:शुल्क उपलब्ध हैं। वीडियो लेक्चर्स और ट्यूटोरियल ऑनलाइन उपलब्ध हैं। ऐसे बहुत सारे व्हाट्सएप और टेलीग्राम समूह हैं जो यूपीएससी से जुड़े सभी मुद्दों

और इनमें होने वाले परिवर्तनों को लेकर विभिन्न प्रकार के वाद-विवाद या समालोचना करने हेतु एक उचित मंच प्रदान करते हैं। वास्तव में, पिछले कुछ वर्षों में ऑनलाइन और इंटरनेट सेवाओं का इतना विस्तार हो चुका है कि कोई भी इच्छुक व्यक्ति अपने घर से ही आराम से इस परीक्षा की तैयारी कर सकता है।

इसके अलावा, उन लोगों के लिए तो ऑनलाइन मोड वरदान की तरह है जो पहले ही किसी नौकरी या व्यवसाय में लगे हुए हैं और नियमित कक्षाएं नहीं ले सकते क्योंकि इस तरह उनको अपने समय का सर्वोत्तम संभव तरीके से उपयोग करने की सुविधा मिल जाती है। अत: इन सभी कारकों को ध्यान में रखते हुए एक अध्ययन की प्रणाली का चुनाव किया जाना चाहिए। परीक्षार्थियों की मुख्य रूप से दो श्रेणियाँ होती हैं एक, जो शुरुआती हैं, जो पहले पड़ाव पर हैं। दूसरे वो जो कई वर्ष तैयारी में व्यतीत कर चुके हैं। यह अध्याय उनके लिए है जो अभी नए हैं। पुस्तक के अंतिम भाग में उन छात्रों के सामने आने वाली चुनौतियों पर चर्चा की जाएगी, जो पहले से तैयारी कर रहे हैं।

शुरुआती तैयारी के दौरान, पहली बात यह ध्यान में रखनी चाहिए जो मैं पहले ही बार-बार दोहरा चुका हूँ कि यह सिर्फ एक परीक्षा है और इसका मकसद दूसरी सरकारी नौकरियों की तरह सिर्फ एक सरकारी नौकरी प्राप्त करना ही है। इसलिए, यदि आप सोच रहे हैं कि आप अपनी स्नातक की पढ़ाई के लिए ऐसा विषय चुनेंगे जो सिविल सेवा परीक्षा को पास करने की आपकी आकांक्षाओं के अनुरूप हो, तो आप गलत हैं।

आज वह परिवेश नहीं है जो 1990 या 2000 के दशक की शुरुआत तक हुआ करता था। आज आपको बाजार के अनुसार अपने आप को ढालना होगा। आपके अंदर बहु-आयामी कौशल का संयोजन होना चाहिए और इनका

कुछ सामान्य शंकाएँ

व्यापक स्तर पर उपयोग किया जाना चाहिए। इसलिए, अपने स्नातक के विषय चयन को केवल सिविल सेवा परीक्षा तक सीमित न रखें।

यदि सिविल सेवा एक विकल्प नहीं है तो आपका स्नातक विषय ऐसा हो जो आपके करियर के लिए एक आधार बनाए, मतलब यह है कि यह विषय बदलती हुई अंतरराष्ट्रीय अर्थव्यवस्था और रोजगार संभाव्यता के बदलते परिदृश्य पर विचार करते हुए चुना जाना चाहिए। लेकिन इसका मतलब यह भी नहीं है कि आपके पास हमेशा कोई दूसरा विकल्प हो ही। कहने का तात्पर्य है कि आपका कौशल ऐसा होना चाहिए कि इसे सार्वजनिक और निजी दोनों क्षेत्रों में जब भी जरूरत हो, प्रयोग में लाया जा सके। वर्तमान में उप सचिव और संयुक्त सचिव स्तर पर पार्श्व प्रवेश (lateral entry) का प्रावधान होने से सरकार में वरिष्ठ पदों पर काम करने का अवसर भी मिलता है। इसलिए, एक बाजार-उन्मुख कौशल विकसित करना चाहिए। यह न केवल आपके लिए सरकारी क्षेत्र में बल्कि निजी क्षेत्र में भी वृहत रोजगार संभावनाओं के द्वार खोलेगा।

इस अध्याय में, मैं कुछ मुद्दों पर चर्चा करूँगा जिनके प्रति आपका दृष्टिकोण यूपीएससी की यात्रा शुरू करने से पहले और यात्रा के दौरान भी स्पष्ट होना चाहिए।

स्नातकोत्तर या सिविल सर्विस – पहले किसका प्रयास करना चाहिए?

मुझसे यह प्रश्न अक्सर पूछा जाता रहा है विशेषकर इंजीनियरिंग ग्रेजुएट्स द्वारा, कि क्या उन्हें पहले स्नातकोत्तर जैसे एम.टेक या एमबीए की पढ़ाई करनी चाहिए या फिर सिविल सेवा परीक्षा का विकल्प चुनना चाहिए?

देखिए, इस प्रश्न का उत्तर आपकी प्राथमिकता और आपके दृष्टिकोण पर निर्भर करता है। मास्टर्स करना आपकी शिक्षा में एक बड़ी उन्नति है लेकिन सिविल सेवा के करियर के लिए इसकी क्या उपयोगिता है? और यदि आप इसको दूसरे विकल्प या बैकअप प्लान की तरह सोच रहे हैं, तो आप दो मूलभूत गलतियाँ कर रहे हैं।

पहली, आप अपने कीमती वर्ष बर्बाद कर रहे हैं। मान लीजिए कि आपने 23 वर्ष की उम्र में स्नातक की उपाधि प्राप्त कर ली है। तब आप अपने परास्नातक के लिए पूरे 2 वर्ष समर्पित करते हैं और इस तरह आप 25 वर्ष की उम्र में अपनी तैयारी शुरू करते हैं। इस समय तक आपने अपने कीमती 2 वर्ष खो दिए हैं जिनका इस्तेमाल सिविल सेवा की तैयारी के लिए कर सकते थे। अब एक बार जब आप अपने परास्नातक को पूर्ण कर चुके हैं, तब यदि आप अगले ही वर्ष परीक्षा पास कर लेते हैं, तो यह बहुत अच्छा है। लेकिन, यदि नहीं, तो आप अभी भी सिविल सेवा की तैयारी कर रहे होंगे, तो इसका मतलब है कि आप न केवल अपना समय बर्बाद कर रहे हैं, बल्कि जो बेहतरीन कौशल आपने अपने मास्टर्स में हासिल किया है उसको भी बर्बाद करेंगे जबकि सिविल सेवाओं में तो इसका इस्तेमाल ही नहीं होगा, तो यह अंततः सारहीन सिद्ध हो जायेगा तो फिर इस निवेश का लाभ क्या था?

दूसरा, आप एक असंभव लक्ष्य का पीछा कर रहे हैं। जब आपने पहले ही सिविल सेवा में जाने का फैसला कर लिया है तो अब आप अपने मास्टर्स को एक बैकअप योजना के रूप में रखने का क्या अर्थ होगा। जब आपके पास ऐसा दृष्टिकोण होता है, तो आप अपनी तैयारी के प्रति थोड़ा लापरवाह हो सकते हैं। जब भी आप हतोत्साहित होंगे तो इस बात पर ध्यान देने के

कुछ सामान्य शंकाएँ

बजाय कि आपको अतिरिक्त प्रयास करने होंगे, आप इस बात से प्रसन्न होंगे कि आपके पास एक अच्छा बैकअप है। यह सफलता का नहीं असफलता का नुस्खा है। आपको न तो सिविल सर्विसेज का जुनून है और न ही अपने परास्नातक डिग्री की परवाह।

यह बात भी गौर फरमाने जैसी है कि सिविल सेवा में आने के बाद भी आपको परास्नातक उपाधि हासिल करने का मौका मिलेगा। सरकार आपकी पसंद की उच्च शिक्षा को आगे बढ़ाने के लिए पर्याप्त अवसर प्रदान करती है। कुछ अभ्यर्थी ऐसे भी हो सकते हैं जो मास्टर्स डिग्री पूरा करने के बाद सिविल सेवा परीक्षा में शामिल होने का निर्णय लेते हैं। इनमें से अधिकतर वे हैं जिन्होंने यह निर्णय मास्टर के दौरान या उसके बाद ही लिया है। इसे ग्रेजुएशन के दौरान लक्ष्य नहीं बनाया गया था। इसलिए समय को महत्त्व देना अभी से सीखना होगा और उसी के अनुसार अपने भविष्य को प्राथमिकता देनी होगी।

अन्य विकल्प (बैकअप) के साथ तैयारी करना – असफलता की तैयारी करना

कई अभ्यर्थी अपनी सिविल सेवा की तैयारी एसएससी, राज्य पीएससी, बैंक पीओ, आरबीआई इत्यादि जैसे अतिरिक्त विकल्पों को ध्यान में रखते हुए शुरू करते हैं। ऊपर से देखने पर यह सुरक्षा और स्थिरता की भावना प्रदान करता है पर इस मानसिकता की अपनी खामियाँ हैं। मान लीजिए कि आप दस से बारह घंटे अध्ययन के लिए निकाल सकते हैं। उसमें आप 70% समय यूपीएससी और बाकी बचा समय अन्य परीक्षाओं को देते हैं। अब एक ऐसे

अभ्यर्थी से प्रतिस्पर्धा की कल्पना करें जो केवल यूपीएससी के लिए 10-12 घंटे के अध्ययन में 100% यूपीएससी के लिए समर्पित है। सफलता की बेहतर संभावना किसकी है?

यूपीएससी का पाठ्यक्रम बहुत बड़ा है और केवल इस पाठ्यक्रम को पूरा करने के लिए कम-से-कम डेढ़ वर्ष तक पूरी लगन और मेहनत से अध्ययन करने की आवश्यकता है। यदि आप उसमें भी अपना समय अन्य परीक्षाओं की तैयारी में लगाते हैं, तो आप पाठ्यक्रम को पूरा कर आत्मविश्वास विकसित नहीं कर पाएँगे। दूसरे, जैसा कि मैंने पहले ही कहा, बैकअप के साथ तैयारी करना आपको सुरक्षा की भावना प्रदान करता है जो आपको आत्मसंतुष्ट बनाता है और लंबे समय में किए जाने वाले प्रयास की मात्रा को घटा देता है, जो आपके प्रदर्शन के लिए हानिकारक है।

आपको बैकअप के बारे में तभी सोचना चाहिए जब आप लगातार दो प्रयासों में असफल रहे हों न कि आरंभ से ही। करियर की स्थिरता और सुरक्षा के प्रलोभन से शुरू से ही बचें। यह जोखिम लेने की आपकी क्षमता को सीमित कर देगा और आपको अधिक मेहनत करने से रोक देगा जो वास्तव में एक अंतर पैदा कर देता है। आप असल में क्या हासिल करना चाहते हैं, इस बारे में गहराई से विचार करना चाहिए। एक सामान्य चीज जो मैंने हर उस अभ्यर्थी में देखी है जिसने परीक्षा में सफलता प्राप्त की है, वह है सफल होने की दृढ़ इच्छाशक्ति। वे जिस लक्ष्यप्राप्ति की आकांक्षा रखते हैं, उससे कम में समझौता करने का वे सोच भी नहीं सकते। तो आप कैसे इस समझौते के बारे में सोच सकते हैं। इसलिए परीक्षा की अनिश्चितता से न डरकर अपना बेहतरीन प्रदर्शन करने की तरफ ध्यान देना चाहिए।

📖 कुछ सामान्य शंकाएँ 📖

तैयारी शुरू करने की सही आयु क्या है?

यह सबसे आम प्रश्नों में से एक है। आइए पहले पूरी प्रक्रिया को समझते हैं। नौकरशाही में उच्चतम पद तक पहुँचने के लिए यह आवश्यक है कि आपका चयन जल्दी ही हो। नौकरशाही में पदोन्नति के मामलों में वरिष्ठता को अधिक वरीयता दी जाती है। हालाँकि इस नियम के कुछ अपवाद भी देखने को मिल सकते हैं। लेकिन आम तौर पर यह एक प्रचलित मानदंड है। अत: जितनी जल्दी आप चयनित होते हैं, उतने ही आपके पदोन्नतियों के अवसर बनते चले जाते हैं।

लेकिन मेरे ऐसा कहने का, इस मिथक से कोई संबंध नहीं है कि **"यूपीएससी पुराने अभ्यर्थियों के प्रति पक्षपाती है"**। अगर वाकई ऐसा होता, तो कई परीक्षार्थी जो तीस वर्ष पूरे कर चुके हैं, अपनी उम्र के इस पड़ाव में इस तरह के शीर्ष स्थान हासिल नहीं करते। आंकड़ों की बात करें तो इस परीक्षा को पास करने वाले अभ्यर्थीं की औसत आयु 27 वर्ष है। (26.9 वर्ष कहना सटीक होगा)। अधिकांश अभ्यर्थी 26 से 28 वर्ष के आयु वर्ग के अंतर्गत आते हैं। आयु अधिक होने का एक अंतर्निहित लाभ यह होता है कि व्यक्ति कुछ जिम्मेदारीपूर्ण कार्यों को संभालने के लिए अधिक परिपक्व हो जाता है। हालाँकि, यह सभी मामलों में सच नहीं है।

तो इस परीक्षा की तैयारी कब से शुरू करनी चाहिए? आदर्श रूप से, परीक्षा में बैठने से डेढ़ वर्ष पहले शुरू कर देनी चाहिए। आपकी नींव बनाने के लिए डेढ़ वर्ष पर्याप्त है और इतना समय आपको अभ्यास और पुनरीक्षण के लिए भी काफी है। अत: सबसे अच्छा समय है कि आप अपने स्नातक स्तर की पढ़ाई के साथ तैयारी की शुरुआत कर सकते हैं। इस समय आपका

मस्तिष्क ताजगी से भरा हुआ और युवा होता है और आपके पास अच्छी रैंक हासिल करने का अधिकतम अवसर भी होता है। समय बीतने के साथ, एक अच्छी रैंक हासिल करने की आपकी संभावना प्राय: कम होती चली जाती है क्योंकि आपका प्रेरणा स्तर और उत्साह काम होता चला जाता है।

एनसीईआरटी का महत्त्व

आपको अपनी तैयारी की शुरुआत में एनसीईआरटी की पाठ्यपुस्तकों को सबसे अधिक प्राथमिकता देनी चाहिए। ये मानक पाठ्यपुस्तकें हैं जो देश भर में आसानी से उपलब्ध हैं। ये समझने में आसान हैं और आपकी आधारभूत संकल्पनाओं (basic concepts) को और स्पष्ट कर देंगी। ये किताबें आरएस शर्मा, बिपिन चंद्र, सतीश चंद्र आदि जैसे प्रख्यात लेखकों द्वारा लिखी गई हैं और सबसे महत्त्वपूर्ण बात यह है कि पुस्तकों से सीधे प्रश्न आए हैं। इसलिए उनके महत्त्व को कम नहीं आँका जा सकता। एक तरह से आपको अपनी स्कूली शिक्षा 6वीं से 12वीं तक दोहरानी होगी।

शुरुआत में इस बात का पालन नियम की तरह करें कि तैयारी के लिए 300 पृष्ठों से अधिक की कोई पुस्तक नहीं चुननी है। (हालाँकि यह नियम 'लक्ष्मीकांत' पर लागू नहीं होता है)। सीधे बीए या एमए स्तर की पुस्तकों न चुनें, मूलभूत संकल्पनाओं को स्पष्ट करते हुए प्रारंभिक स्तर से शुरुआत करें। परीक्षा को पास करने के लिए आपको पर्याप्त ज्ञान होना चाहिए। आप यहाँ पीएचडी करने के लिए नहीं आए हैं, यह आपके दिमाग में स्पष्ट होना चाहिए। आपका लक्ष्य परीक्षा में सफल होना है, न इससे कम न ज्यादा।

परीक्षा के लिए पढ़ी जाने वाली पुस्तकों की सूची आपको विभिन्न स्रोतों से मिल सकती है, लेकिन आधारभूत संकल्पनाओं पर अधिक ध्यान देते रहें

📖 कुछ सामान्य शंकाएँ 📖

और जरूरत पड़ने पर ही उच्च-स्तरीय पाठ्यपुस्तकें पढ़ें। अपने पास जो भी तरीका उपलब्ध हों, उससे अपने नोट्स बनाएँ और मूलभूत संकल्पनाओं को समझने का प्रयास करें। जहाँ तक नोट्स का सवाल है तो वही करें जिसमें आप सहज हों। यदि आपको लगता है कि ऑनलाइन नोट्स सुविधाजनक हैं तो इससे तैयारी करें, अन्यथा हार्डकॉपी के नोट्स को वरीयता दें।

वैकल्पिक विषय कैसे चुनें?

अगला बड़ा कदम अपने वैकल्पिक विषय पर फैसला करने का है। छात्रों के बीच चलने वाली अफवाहों पर ध्यान न दें। कोई वैकल्पिक विषय अच्छा या बुरा नहीं होता है। परीक्षकों द्वारा किसी भी वैकल्पिक विषय का पक्ष नहीं लिया जाता है। ना ही ऐसा है कि किसी विषय-विशेष को वैकल्पिक के तौर पर चुनने से आपको अधिक अंक मिल जाएँगे। कोई वैकल्पिक विषय स्कोरिंग नहीं है, सभी वैकल्पिक विषयों के समान रूप से अच्छे और बुरे पहलू हैं। वैकल्पिक विषय चुनने के लिए सबसे महत्त्वपूर्ण मानदंड है कि आपकी रुचि किस विषय में है। यदि आपकी रुचि दर्शनशास्त्र में है तो आप मानव विज्ञान में अधिक अंक पाने की कल्पना नहीं कर सकते। आपको पूरे मन से उस विषय का अध्ययन करना होगा, इसके लिए उस विषय में आपकी रुचि होना जरूरी है। बाकी सब क्या कह रहे हैं, इसकी परवाह न करते हुए अपने मन की सुनें।

सामान्य अध्ययन के लिए अध्ययन करते समय आप पहले ही कुछ वैकल्पिक विषयों का संक्षेप में अध्ययन कर चुके होंगे। इसलिए वह विषय चुनें जो आपको रुचिकर लगे। विषय चुनने से पहले पाठ्यक्रम और पिछले वर्ष के प्रश्नपत्रों पर भी ध्यान दीजिए। विज्ञान विषय पृष्ठभूमि से होने के

📖 UPSC क्रैक करने के गुरुमंत्र 📖

बावजूद मैंने इतिहास विषय को वैकल्पिक विषय के रूप में चुना था क्योंकि इस विषय में मेरी रुचि हमेशा से रही। मैंने कभी अफवाहों का असर स्वयं पर नहीं होने दिया। मैं नहीं जानता था कि वैकल्पिक के तौर पर यह विषय चुनना एक सही फैसला है या गलत, मुझे बस इतना पता था कि मुझे यह पसंद है और शायद इसीलिए मैंने काफी अच्छे अंक अर्जित किए। लेकिन एक बात जरूर है कि जितनी जल्दी हो सके अपना वैकल्पिक विषय तय कर लेना चाहिए क्योंकि इसके लिए 6 से 8 महीने का एक समर्पित अध्ययन आवश्यक है और साथ ही रिवीजन के लिए भी पर्याप्त समय उपलब्ध होना चाहिए।

कुछ मापदंड जिन्हें आप वैकल्पिक विषय का निर्णय लेते समय ध्यान में रख सकते हैं, वे हैं:

1. विषय में आपकी रुचि
2. अपनी शैक्षणिक पृष्ठभूमि के आधार पर विषय से तालमेल
3. अध्ययन सामग्री की उपलब्धता
4. यदि आवश्यकता हो तो कोचिंग संस्थान की उपलब्धता
5. पिछले कुछ वर्षों में उन विषयों का प्रदर्शन

लेकिन ध्यान रखें कि इन सबमें सबसे महत्त्वपूर्ण बिंदु, विषय में आपकी रुचि ही है। यदि आप विषय में रुचि नहीं रखते हैं तो अन्य सभी पैमाने विफल हो जाएँगे। इसके अलावा, परीक्षा में सफल होने के लिए अध्ययन करें, ना कि ये सोचकर कि किसी विषय में आपको विशेषज्ञता हासिल करनी है। मैं पहले ही कह चुका हूँ कि आप यहाँ पीएच.डी. करने के लिए नहीं आए हैं। आपका लक्ष्य एकदम स्पष्ट होना चाहिए।

📖 कुछ सामान्य शंकाएँ 📖

क्या यूपीएससी औसत छात्रों के लिए नहीं है?

मेरी शैक्षणिक पृष्ठभूमि बहुत साधारण होने के बावजूद मैंने यूपीएससी पास किया। तो निश्चित तौर अन्य छात्र भी इसमें सफल हो सकते हैं। शिक्षा में असफलता का सामना कर चुके लोग भी परीक्षा में सफलता के झंडे गाड़ चुके हैं। कॉलेज में स्नातक के दूसरे वर्ष तक भी मुझे यह अनुमान नहीं था कि मुझे जीवन में क्या करना है और यह एक सामान्य बात है। बस जरूरत है निरंतर प्रयासरत रहने की।

यूपीएससी द्वारा जारी अधिसूचना के अनुसार, परीक्षा में शामिल होने के लिए आपको स्नातक डिग्री धारी होना आवश्यक है। इसके अतिरिक्त, साक्षात्कार या व्यक्तित्व परीक्षण में भी, एक अभ्यर्थी को उसकी मानसिक क्षमता के आधार पर परखा जाता है। अत: कह सकते हैं कि इसमें विशेष रूप से आपके अपने परिवेश, राष्ट्रीय और अंतर्राष्ट्रीय परिदृश्य के बारे में आपकी सामान्य अभिरुचि, जागरूकता और समस्या का विश्लेषण कर उसका समाधान निकाल लेने की क्षमता को परखा जाता है।

क्या सिविल सेवा परीक्षा के बाद जीवन में स्थायित्व आ जाता है?

हालाँकि परीक्षा में सफलता प्राप्त करने के बाद नौकरी की सुरक्षा और स्थिरता की संतुष्टि का भाव आता है, लगभग सभी अभ्यर्थियों को लगता है कि इसके साथ उनका संघर्ष समाप्त हो चुका है। जबकि यह सच नहीं है यह तो अभी शुरुआत है। इतनी बड़ी लोकतांत्रिक व्यवस्था में अब आपको अपनी अलग छाप छोड़नी है और वह बदलाव करने हैं जिनका आपने हमेशा से सपना देखा था।

इसके अतिरिक्त, परीक्षा पास करने के बाद, केवल 200 से 300 अभ्यर्थी ही अपवाद होते हैं जो फिर से परीक्षा में नहीं बैठते हैं। अत: कह सकते हैं कि बाकी अभ्यर्थियों के लिए चुनौतियाँ अभी भी बाकी रहती हैं। वांछित सेवा प्राप्त करने वाले भी वांछित कैडर या कुछ बेहतर रैंक के लिए प्रयास करेंगे तो कई होम कैडर पाने की लालसा में में प्रयास करेंगे। इस प्रकार जिस चीज की आपको जरूरत है उसकी यह अंतहीन खोज जारी रहेगी।

सबसे महत्त्वपूर्ण तथ्य जो चिंतनीय है, वह है कि सरकारी व्यवस्था में काम करने की अपनी चुनौतियाँ होती हैं। बार-बार स्थानांतरण, राजनीतिकरण, भ्रष्टाचार, जनशक्ति की कमी, कुशल कार्यबल की कमी, संसाधनों की कमी, अत्यधिक जाँच, सार्वजनिक प्रदर्शन, आदि कुछ सेवाओं में अपनी विशेष समस्याएँ हैं। नौकरशाही में अपना मार्ग आपको स्वयं ही खोजना पड़ता है और कई बार नया मार्ग भी बनाना पड़ता है।

❏❏

अध्याय 8

जीवन में संतुलन बनाएँ

इस परीक्षा की प्रक्रिया इतनी थकाऊ होती है कि अक्सर अभ्यर्थी अपने निजी जीवन के साथ तैयारी का संतुलन नहीं बना पाते हैं। सिविल सेवा की तैयारी करने वाले अधिकतर अभ्यर्थी मानसिक, शारीरिक, भावनात्मक, आर्थिक, सामाजिक और मनोवैज्ञानिक रूप से प्रभावित होते हैं। चूंकि अधिकांश अभ्यर्थी बाहरी दुनिया से कटे रहते हैं, इसलिए उनके पास इस तनाव और चिंता को दूर करने के लिए कोई सहारा भी नहीं होता है। भावनात्मक रूप से टूटने के भी कई मामले देखे गए हैं इसी के कारण उनमें से कई तो शराब और धूम्रपान के व्यसनी हो जाते हैं। युवावस्था में ही इस

तरह के अवसाद में रहना यह दर्शाता है कि आपके तैयारी करने के तरीके में कुछ कमियाँ हैं।

एक धारणा यह भी है कि सिविल सेवा परीक्षा में आपको अपना सब कुछ त्यागने की आवश्यकता होती है। बाहरी दुनिया से आप भावनात्मक रूप से इतनी दूर होते चले जाते हैं कि अंतत: यह आपके भावनात्मक स्वास्थ्य को प्रभावित करता है। मनुष्य एक सामाजिक प्राणी है और समाज हम सबके लिए आवश्यक है। आपकी नौकरी की पहली माँग लोगों के साथ बातचीत करना, उनकी समस्याओं को समझना और समाधान निकालना है। यदि तैयारी के दौरान ही, आप इस तरह की चिंता में हैं, तो परीक्षा में सफल होने के बाद आपका क्या होगा? क्योंकि तब काम का बोझ और तनाव कई गुना तक बढ़ जाएगा। तब आप इसका प्रबंधन कैसे करेंगे?

इस परीक्षा के लिए बहुत बड़ा मूल्य चुकाना पड़ता है जोकि हमारे सामाजिक स्वास्थ्य के रूप में होता है। परीक्षा की तैयारी के लिए लाखों अभ्यर्थी 28-30 वर्ष की आयु तक बेरोजगार रहते हैं और वास्तव में यह चुनी हुई बेरोजगारी होती है। आपके पास आवश्यक कौशल है लेकिन आप तब भी बेरोजगार रहना चुनते हैं। इसका परिणाम यह होता है कि आप आर्थिक रूप से किसी और पर निर्भर होते हैं। अपने जीवन के निर्णयों के लिए आप आत्मनिर्भर नहीं होते हैं। एक बार जब आप 4-5 प्रयासों के बाद भी परीक्षा उत्तीर्ण नहीं कर पाते हैं तो बेरोजगार होने का तनाव और चिंता आपके दिमाग को जकड़ लेती है। आपके मन में उथल-पुथल रहेगी और इस परीक्षा में अपना 100% समर्पित नहीं कर पाएँगे।

आपकी बेरोजगारी न केवल आपके जीवन पर बल्कि आपके परिवार और आपके रिश्तों पर भी दबाव डालती है। आप अपने जीवन के कुछ

जीवन में संतुलन बनाएँ

बेहतरीन क्षणों को खो देते हैं। यह सब आपके अध्ययन पर नकारात्मक प्रभाव डालता है। भगवान बुद्ध ने मध्यम मार्ग का उपदेश दिया था, गंभीर तप और भौतिकवाद के बीच का मार्ग। इसे जानें और अपने परीक्षा जीवन में लागू करें।

क्या आपको नौकरी छोड़ देनी चाहिए?

सभी कहते हैं कि यूपीएससी देश की सबसे कठिन परीक्षा है इसलिए मुझे इसे अपना 100% देना होगा, इसलिए मुझे अपनी नौकरी छोड़ देनी चाहिए और अपना पूरा समय इसके लिए समर्पित करना चाहिए। लेकिन हर स्थिति में यह आवश्यक नहीं है। जैसा कि मैंने पहले कहा, आपको अपनी नींव बनाने के लिए डेढ़ वर्ष की गंभीर तैयारी करनी होगी। लेकिन उसके बाद, आपको अपने मन को तनाव से मुक्त करने के लिए वित्तीय स्वतंत्रता के साधनों की तलाश करनी चाहिए।

परीक्षा की जटिल प्रक्रिया अभ्यर्थी की मानसिक क्षमता की जाँच के लिए ही बनाई गई है। एक कामकाजी पेशेवर अपने साथियों या अपने प्रतिस्पर्धियों की तुलना में अधिक जागरूक होता है और आत्मविश्वास से भरा होता है। यदि आप 25-26 वर्ष की आयु पार कर चुके हैं, तो समाज भी आपसे अब कार्यशील होने की अपेक्षा करने लगता है। व्यक्तिगत मामले में भी इसके कुछ फायदे हैं। इससे यह भी ज्ञात होता है कि आपका जीवन सिर्फ आपके नियंत्रण में है, आप कमा रहे हैं और अपने परिवार को भी संभाल रहे हैं। कई समितियों ने 'जबरन बेरोजगारी' द्वारा निर्मित इस सामाजिक लागत को कम करने के लिए मुख्य रूप से परीक्षा की आयु कम करने की भी सिफारिश की है।

'ग्रुप ए' के अधिकारी के तौर पर आप कुशल और सुशिक्षित लोगों का नेतृत्व करेंगे और कई कार्यों के प्रबंधन को एक साथ देख रहे होंगे ऐसे में आपको अपना दिमाग शांत रखना पड़ता है। इसलिए काम करते हुए पढ़ाई करना संभव है क्योंकि आपको बहुआयामी होना होगा। हर वर्ष कई अभ्यर्थी काम करते हुए भी परीक्षा में सफल होते हैं। इसलिए, एक लाभकारी नौकरी की तलाश करें और आर्थिक रूप से स्वतंत्र रहें। इस तरह आप अपने अनुसार अपने अध्ययन का पाठ्यक्रम तय कर सकते हैं। अपने जीवन पर अपना नियंत्रण रखें।

क्या आपको अपने निजी जीवन का बलिदान कर देना चाहिए?

नहीं, आपको यह नहीं करना चाहिए। भले ही आप दिल्ली में तैयारी कर रहे हों और अकेले रह रहे हों। आपको अपने निजी जीवन का त्याग नहीं करना चाहिए। मैं इस क्षेत्र में प्रकाशित किए गए एक शोध के माध्यम से इस बात को स्पष्ट करने का प्रयास करूंगा। 'आत्म-निर्धारण का सिद्धांत' (Self Determination Theory) (रयान और डेसी, 2017) मानव प्रेरणा का एक सिद्धांत है जो किसी व्यक्ति की वृद्धि और विकास की सहज प्रवृत्ति पर प्रकाश डालता है। इसके साथ बुनियादी मनोवैज्ञानिक आवश्यकता का सिद्धांत जुड़ा हुआ है, जिसके अनुसार कल्याण के लिए तीन आवश्यक तत्त्व हैं :

1. **स्वायत्तता :** अपने कार्यों पर स्वायत्तता रखना।
2. **योग्यता :** कुशलता में वृद्धि और श्रेष्ठता प्राप्त करना।
3. **संबंध :** आसपास के लोगों की परवाह करना और आपसी व्यवहार रखना।

📖 जीवन में संतुलन बनाएँ 📖

जब आप अपने आप को समाज से अलग कर लेते हैं, तो आप मनोवैज्ञानिक कल्याण की तीन बुनियादी जरूरतों का त्याग कर देते हैं। उदाहरण के लिए, अभ्यर्थी अपनी व्यक्तिगत इच्छा और पसंद की भावना को सीमित कर देते हैं क्योंकि वे आगे की अपनी योजना के अनुसार लक्ष्य पूरा करने के लिए स्वयं पर पढ़ाई करते रहने का दबाव महसूस करते हैं– *स्वायत्तता का बलिदान।* वे विकास के उन अवसरों से भी बचे रह सकते हैं, जो सीधे उनके करियर में योगदान नहीं करते हैं– *योग्यता का बलिदान।* अंत में, अभ्यर्थी अपने अध्ययन में इस तरह डूब जाते हैं कि आसपास के लोगों से मानवीय संबंध और संवेदनाएँ महसूस ही नहीं कर पाते–*संबद्धता या लगाव का बलिदान।* स्वयं द्वारा किए गए ये बलिदान व्यक्ति के मनोवैज्ञानिक पहलुओं पर व्यापक दुष्प्रभाव डालते हैं।

''लंबी अवधि तक करियर के लक्ष्य को पाने की राह में अनेक बाधाएँ और उतार-चढ़ाव तो आते ही हैं। लोगों को लगातार इस बात का अहसास दिलाया जाता है कि अपने वांछित लक्ष्य को प्राप्त करने के लिए आपको बहुत से त्याग करने होंगे, साथ ही त्याग करने के लिए प्रोत्साहित भी किया जाता है। सोशल मीडिया ऐसे अनेक मीम्स और उद्धरणों से भरा पड़ा है, जिनमें कहा गया है, 'यदि आप अपने लक्ष्य के लिए त्याग नहीं कर सकते हैं तो आपको अपने लक्ष्य का ही त्याग करना पड़ेगा।' इस तरह के बोध वाक्यों की व्याख्या सावधानीपूर्वक की जानी चाहिए। वास्तव में, भौतिक आवश्यकताओं के त्याग और वांछित गतिविधियों के साथ अधिक-से-अधिक लक्ष्य प्राप्ति के बीच बहुत क्षीण संबंध होता है। सूक्ष्मता से देखा जाए तो, स्वायत्तता, संबद्धता और क्षमता के लिए बुनियादी मनोवैज्ञानिक आवश्यकताओं का *त्याग लक्ष्य की ओर धीमी प्रगति और मनोवैज्ञानिक संकट में वृद्धि*

का कारण बन सकता है। इस प्रकार, जब लोग अपने दीर्घकालिक लक्ष्यों को प्राप्त करने की दिशा में लंबी और कठिन राह पर चलते हैं, तो यह महत्त्वपूर्ण है कि वे उन बुनियादी मनोवैज्ञानिक जरूरतों का त्याग न करें जो उन्हें इस यात्रा को जारी रखने में सहयोग देती हैं।'' (सेंट-जैक्स, 2018)

कई अध्ययनों के पश्चात् यह निष्कर्ष निकाला गया है कि बुनियादी मनोवैज्ञानिक जरूरतों का त्याग आपकी परीक्षा की तैयारी पर प्रतिकूल प्रभाव डालता है। इसलिए इन जरूरतों को पूरा करने के लिए कुछ समय निकालें। अपने मित्र, परिवार या साथी के साथ बातचीत करने के लिए कुछ समय जरूर निकालना चाहिए। साथ ही आराम करने और स्वयं को फिर से पढ़ाई करने के लिए तैयार करने के लिए भी समय निकालना चाहिए। यह आपकी समग्र मानसिक स्थिरता के लिए महत्त्वपूर्ण है। ऐसे कई उदाहरण हैं जहाँ अधिकारियों ने विवेक का प्रयोग नहीं किया और भावनात्मक रूप से अक्षम तरीके से व्यवहार किया है। इसका उनके अध्ययन के तरीके और उनके आसपास के समग्र वातावरण से संबंध होता है।

इसका मतलब यह भी नहीं है कि परीक्षा की तैयारी करते समय आपको हर समय छोटी-छोटी चीजों का ही आनंद लेते रहना है। जब आप इस परीक्षा के लिए तैयारी करने का निर्णय लेते हैं, तभी यह समझ जाना चाहिए कि आप अब पहले की तरह जीवन नहीं जी सकते। अब आपको नियमों और अनुशासन में बंधकर रहना होगा, जिसमें जीवनशैली, आदतें और सामाजिक दायरे में बदलाव भी शामिल हैं। हालाँकि, पूरी तरह से सामाजिक अलगाव की आवश्यकता नहीं है और लेकिन इसका एकमात्र उद्देश्य यह है कि आपको अध्ययन से ऊब महसूस न हो।

📖 जीवन में संतुलन बनाएँ 📖

ऊब तब होती है जब आपका शरीर इतना काम कर लेता है कि आप एक सीमा के बाद ध्यान केंद्रित नहीं कर सकते। इससे उदासीनता, तनाव, थकावट और अक्षमता की स्थिति पैदा हो जाती है। इसलिए ऊब की स्थिति से बचने के लिए अपने समय और जीवन का अच्छी तरह से प्रबंधन करें। हमेशा याद रखें कि आप किस चीज की तैयारी कर रहे हैं। यह परीक्षा तो सिर्फ एक जाँच है। आपको अपने शरीर और दिमाग को इससे भी बड़े संघर्ष के लिए तैयार करना चाहिए, जिसे आम भाषा में जीवन-संघर्ष कहा जाता है।

परीक्षा की तैयारी और वैवाहिक जीवन का संतुलन

वैवाहिक जीवन पूरी तरह से एक अलग विषय है। एक बार जब आपकी शादी हो जाती है तो आप गैर-जिम्मेदार होने का जोखिम नहीं उठा सकते। आपको अपने परिवार की देखभाल करनी है, साधन उपलब्ध कराने हैं, उनका सहारा बनना है और इसके साथ ही परीक्षा की तैयारी भी करनी है। इसलिए इस संबंध में आपके जीवनसाथी से मिलने वाला समर्थन बहुत महत्त्वपूर्ण हो जाता है। मैंने अपनी पत्नी के साथ अपने अगले प्रयास पर चर्चा न करने की मूर्खता की, लेकिन आप यह गलती मत करना। इसलिए, अपनी प्राथमिकताएँ निर्धारित करें और उनके बारे में अपने जीवनसाथी के साथ बातचीत करें। संवाद करें। ध्यान रखें यहाँ भी लेनदेन का ही नियम लागू होता है, आप अपने परिवार का ख्याल रखें और शांत मन से परीक्षा की तैयारी करें।

आपको छोटे लक्ष्य निर्धारित करने चाहिए और उन्हें हासिल करने का प्रयास करना चाहिए। जब भी समय मिले अपने परिवार के साथ समय बिताएँ। अपने जीवनसाथी के साथ अपने मुद्दों और समस्याओं पर चर्चा करें। संवाद

कायम रखने से अध्ययन प्रक्रिया रुचिकर लगेगी और आपके जीवनसाथी को आपकी यात्रा का हिस्सा बनने का मौका भी मिलेगा। सबसे महत्त्वपूर्ण बात यह है कि अपनी निराशा या कुंठा को अपने परिवार पर न निकालें। वे ही हैं जो हर समय आपकी सहायता के लिए उपस्थित रहते हैं। आपको इस तथ्य को पूरी तरह से स्वीकार करते हुए आगे बढ़ना चाहिए।

अध्याय 9
कैसे अभिप्रेरित रहें?

UPSC परीक्षा की प्रक्रिया शारीरिक और मानसिक रूप से बहुत अधिक थका देती है। लगातार उतार-चढ़ाव, साथियों का दबाव, वित्तीय समस्याएँ, व्यक्तिगत जीवन में समस्याएँ, पारिवारिक दबाव आदि भी इस परीक्षा की तैयारी पर प्रभाव डालते हैं और यह अधिक लंबी और कठिन लगने लगती है। इसलिए आपको पूरी प्रक्रिया के दौरान स्वयं को प्रेरित करते रहना बहुत जरूरी है। आत्म प्रेरणा ही वह भावना है जहाँ से आपकी यात्रा शुरू होती है। इसके बाद आत्मानुशासन से आप अभिप्रेरित होते हैं। इस अध्याय में आत्मानुशासन के माध्यम से प्रेरित रहने के कुछ सुझावों पर चर्चा की गई है:

📖 UPSC क्रैक करने के गुरुमंत्र 📖

1. परीक्षा की प्रक्रिया लंबी है और पाठ्यक्रम विशाल है, इसलिए आपको इसे छोटे-छोटे भागों में बाँट लेना चाहिए। पूरे महीने या सप्ताह के लिए एक टाइम-टेबल बनाएँ और उसके अनुसार पाठ्यक्रम को विभाजित करें। *दैनिक लक्ष्य निर्धारित करें और उन्हें प्राप्त करें।* इस तरह प्राप्त उपलब्धियों से आपके मन में संतुष्टि और आत्मविश्वास पैदा होगा। पाठ्यक्रम के एक भाग को पूरा किए बिना दूसरे पर न जाएँ। इसके बजाय, एक विस्तृत अध्ययन योजना बनाएँ और उस पर टिके रहें। हर चीज को व्यवस्थित करने में समय लगता है, इसी तरह यहाँ भी बिना अधिक परेशानी के आप धीरे-धीरे पाठ्यक्रम को व्यवस्थित रूप दे सकते हैं।

2. मन के भटकाव को रोकें। यदि आपके जीवन में कोई भी ऐसा कारण है जो अध्ययन के प्रति विकर्षण या भटकाव पैदा करता है तो उसे रोकने की कोशिश करें। *अलग-अलग अभ्यर्थियों के भटकाव के कारण भी अलग होते हैं तथा इनका साधारणीकरण नहीं किया जा सकता।* कुछ लोग सोशल मीडिया से सीख सकते हैं। लेकिन कुछ बिना कुछ किए घंटों बिता सकते हैं। तो चुनाव आपका है, सोशल मीडिया पर अपने समय का सदुपयोग करें। उन चैनलों और मंचों में शामिल हों जहाँ वास्तविक शिक्षा या प्रश्नों का समाधान मिल सकता है।

3. अपने सामाजिक दायरे को सक्रिय और प्रेरणादायी लोगों तक सीमित रखें। आप जितने कम लोगों के साथ संपर्क रखेंगे, आपका समय उतना ही कम बर्बाद होगा। *अपनी ही तरह दृढ़ संकल्प रखने*

📖 **कैसे अभिप्रेरित रहें?** 📖

वाले और प्रेरित व्यक्तियों के साथ रहें। उन सभी लोगों से दूर रहें जो आपको हतोत्साहित करते हैं, बेकार के कामों में लगाकर आपका समय बर्बाद करते हैं और अंत में आपको अकेला छोड़ देते हैं। आपको अपने दिमाग को खुला और तरोताजा रखने की जरूरत है। आप इसे उन चीजों पर बर्बाद नहीं कर सकते जो आपकी आगे बढ़ने में सहायता न करते हों। आपको त्याग करने के लिए हमेशा तैयार रहना चाहिए।

4. स्वस्थ भोजन करें और खूब पानी पिएँ। लंबे समय तक पढ़ाई करना, अनियमित खान-पान और जंक फूड खाने से नुकसान ही होगा। आपका स्वास्थ्य बहुत महत्त्वपूर्ण है। *यदि आप स्वस्थ हैं तभी आप अपनी ऊर्जा का सही इस्तेमाल कर सकते हैं।* बीमारी में बर्बाद किया गया प्रत्येक दिन केवल पछतावे का कारण बनेगा, अंग्रेजी में कहावत भी है, बीमारी के ईलाज से उसकी रोकथाम व परहेज बेहतर है (Prevention is better than cure)।

5. *व्यायाम करें, कोई खेल खेलें, अपनी रुचि का कोई काम करें, या ध्यान लगाएँ।* यदि आप समय नहीं निकाल सकते हैं, तो बस उठें और 20 मिनट तक दौड़ते रहें, यह आपको पसीने से तर करने के लिए, अपने हौसले को ऊपर उठाने और नए विचार लाने के लिए पर्याप्त है। इन दिनों बहुत सारे ऑनलाइन कौशल पाठ्यक्रम (skill courses) हैं, आप भिन्न तरह का ज्ञान प्राप्त करने और अपने दैनिक कार्यक्रम में कुछ बदलाव लाने के लिए कुछ अलग पाठ्यक्रम भी सीख सकते हैं।

6. *हर दिन कुछ नया सीखें।* यह कुछ भी हो सकता है और जरूरी नहीं कि यह आपके पाठ्यक्रम से संबंधित ही हो। लेकिन जो भी हो आपके दिमाग को ताजगी से भर देने वाला हो।

7. यदि आपने पहले ही दो वर्ष से अधिक समय लगा दिया है, तो मैं आपको अपनी तैयारियों को उन्नत करने और पहले रोजगार की तलाश करने का सुझाव दूंगा। *व्यस्त दिमाग, निष्क्रिय दिमाग से बेहतर होता है।* वित्तीय स्वतंत्रता बहुत महत्त्वपूर्ण है और मैं इसके बारे में पिछले अध्यायों में पहले ही कह चुका हूँ।

8. आराम करने और रोजमर्रा की नीरसता भगाने के लिए समय निकालें। *सप्ताह में या पखवाड़े में एक दिन निश्चित करें जहाँ आप आराम कर सकें और अपने समय का आनंद ले सकें।* कमरे से बाहर निकलकर घूमें-फिरें, अपनी पसंदीदा फिल्में या वेब सीरीज देखें। अपने दिमाग को शांत रखना जरूरी है, वरना थकान हावी होती चली जाएगी और इससे आपकी सीखने की क्षमता पर बुरा प्रभाव पड़ेगा।

9. विजेताओं के संघर्ष की कहानियां सुनें। उनकी जीवन यात्राओं से प्रेरणा लें और गलतियों से सबक सीखें। *सबकी सुनें लेकिन केवल उसी मार्ग का अनुसरण करें जो आपको सर्वोत्तम लगे।*

10. जब भी आप उदास महसूस करें, तब थोड़ा घूमें-फिरें, हल्का व्यायाम करें या कोई पसंदीदा खेल खेलें।

'Shawshank Redemption' नामक फिल्म में एक बहुत ही सुंदर बात कही गई है, *"All it takes is time and pressure"*। अपने लक्ष्य पर अडिग रहना ही सफलता की कुंजी है। असफलता तो आएगी पर सफलता

कैसे अभिप्रेरित रहें?

भी मिलेगी। मॉक टेस्ट के दौरान किसी भी खराब स्कोर के कारण आपको निराश नहीं होना चाहिए। यह एक प्रकार का परीक्षा से पूर्व परीक्षा देने का आपका अनुभव होता है जिसमें आप असफल रहे। अब आप जानते हैं कि वास्तविक परीक्षा में आपको क्या नहीं करना है। इस प्रकार हर असफलता सीखने का एक अनुभव होती है।

अपने दिमाग को केवल सकारात्मकता की तलाश करने के लिए प्रशिक्षित करें। इस सफर का आनंद लें। एक दिन यह सारा संघर्ष सार्थक हो जाएगा। एक दिन ऐसा भी आएगा, जब हर उस चीज की भरपाई हो जाएगी जिसका आपने त्याग किया था, वे पार्टियाँ और समारोह जिनमें आप शामिल नहीं हुए, शादियों के वे निमंत्रण जो आपने अस्वीकार कर दिए थे, एक दिन आपको सबका प्रतिदान मिलेगा। अत: इस प्रक्रिया का आनंद लें। आप देश के लिए महत्त्वपूर्ण काम करने जा रहे हैं, इस बात पर गर्व करें और निरंतर आगे बढ़ते रहें।

महत्त्वपूर्ण बिंदु

इस भाग का उद्देश्य कुछ सबसे बुनियादी प्रश्नों का उत्तर देना था। इन प्रश्नों के बारे में बहुत सारे मिथक हैं जो अक्सर अभ्यर्थियों को निराश करते हैं। इसके अलावा, यदि अध्ययन के पाठ्यक्रम को तय करने में मेहनत नहीं की जाती है, तो बहुत समय, ऊर्जा और धन बर्बाद होता है। सबसे महत्त्वपूर्ण बात, इस भाग का उद्देश्य आपको यह बताना था कि आप इस परीक्षा की तैयारी इस दुनिया में कहीं भी बैठकर कर सकते हैं।

यह आपके जीवन को संतुलित करने तथा भावनात्मक और मानसिक रूप से अधिक सक्षम बनाने पर भी केन्द्रित था। यह एक मिथक है कि

काम करते हुए या शादी के बाद इस परीक्षा की तैयारी नहीं की जा सकती है। निश्चित रूप से यह कठिन जरूर है, लेकिन असंभव बिल्कुल भी नहीं। और सही भी है जो कठिन नहीं हो वह चुनौती कैसी?

यह सिर्फ एक परीक्षा है जिसके लिए एक सही दृष्टिकोण की आवश्यकता होती है। इसके लिए आपको अपने प्रेरणा स्तर (मोटिवेशन लेवल) को ऊँचा रखना चाहिए और जागरुक रहना चाहिए। इस पुस्तक के अंतिम भाग का उद्देश्य अभ्यर्थियों के बीच बेरोजगारी के मुद्दे, '*एस्पिरेंट सिंड्रोम*', असफलता से कैसे उबरना है, और कई असफलताओं के बावजूद कैसे आगे बढ़ना है, इस पर गहराई से चर्चा की गई है।

भाग - 3
सिविल सेवा और उससे आगे

भारत में संगठित सिविल सेवाओं का आरंभ ब्रिटिश शासन काल में हुआ। हालाँकि, ब्रिटिश शासन से पहले भी इतिहास में सिविल सेवाओं का एक अविकसित रूप पाया जाता है। कई ऐतिहासिक अभिलेखों में अधिकारियों के कई पदों का उल्लेख मिलता है। चाणक्य की 'अर्थशास्त्र' में मौर्यकाल में आज की भांति प्रचलित सिविल सेवाओं और प्रतियोगी परीक्षाओं का उल्लेख किया गया है। अत: कह सकते हैं कि भारत में सिविल सेवाओं का एक दीर्घ इतिहास रहा है। कोई आश्चर्य की बात नहीं कि सिविल सेवा का आकर्षण आज भी ज्यों-का-त्यों बना हुआ है।

1991 के एलपीजी सुधारों के बाद भी सिविल सेवाओं के प्रति उत्साह कम नहीं हुआ, जबकि निजी क्षेत्र में रोजगार के अवसरों में अभूतपूर्व वृद्धि

हुई है। इसी कारण यह प्रश्न उठता है कि युवाओं में सिविल सेवा के लिए इतना उत्साह क्यों है और क्या वास्तव में यह इस योग्य है? इस पुस्तक के पहले भाग में मैंने पहले प्रश्न का उत्तर दिया है और इस पुस्तक के अंतिम भाग में दूसरे प्रश्न का उत्तर खोजा जाएगा।

इस भाग में बढ़ती हुई बेरोजगारी की समस्या और सिविल सेवाओं के लिए बढ़ता हुआ रुझान, और इसके कारणों पर चर्चा की जाएगी। इस बढ़ते रुझान का एक कारण सिविल सेवाओं को वास्तविकता से कहीं ज्यादा रोचक समझना है। और यह रुझान इस समस्या को कैसे बढ़ा रहा है, इस पर भी प्रकाश डाला गया है। 'लाट साहब' (ब्रिटिश जमाने में जिला कलेक्टर) शब्द की खुमारी अभी भी भारतीयों के मस्तिष्क से गायब नहीं हुई है। हम आज भी नौकरशाहों की शक्ति और आकर्षक वेतन को देखकर अचरज में पड़ जाते हैं, और अधिक-से-अधिक उस ओर आकर्षित होते हैं। यही आकर्षण यह भ्रम पैदा करता है कि सरकारी नौकरी ही सबसे सुरक्षित है और हम शासकीय सेवा की ओर खिंचे चले जाते हैं।

इस सुरक्षित और शक्तिशाली करियर की लालसा में लाखों युवा, प्रतियोगी परीक्षाओं की तैयारी में ही अपना कीमती समय गँवा देते हैं। उनमें से अधिकांश को यह भी नहीं पता होता कि वे तैयारी क्यों कर रहे हैं? अन्य कई यह नहीं समझ पाते कि कब रुककर आत्मनिरीक्षण कर लेना चाहिए था। यह एक तथ्य है कि जैसे-जैसे देश विकसित होता है नौकरशाही की भूमिका कम होती चली जाती है या सुविधासंपन्न होने पर अधिक ध्यान दिया जाने लगता है। जबकि हमारे देश में ऐसा नहीं होता, अजीब बात यह है कि हमारे देश में, बी.टेक, एमबीए, एमबीबीएस, आदि डिग्रियाँ प्राप्त करने वाले

सिविल सेवा और उससे आगे

अनेक मेधावी छात्र सिविल सेवा का ही विकल्प चुनते हैं और असफल हो जाने पर उनमें से कई एसएससी, बैंक पीओ आदि से ही संतोष कर लेते हैं।

पुस्तक का यह भाग उनके लिए भी है जो बार-बार असफल हुए हैं और इस दुष्चक्र से बाहर निकलने का मार्ग नहीं खोज रहे हैं। मैं उनकी हताशा और बेबसी की भावना को समझ सकता हूँ। इस परिस्थिति में आपको क्या करना चाहिए और आप अपना दृष्टिकोण कैसे बदल सकते हैं? इन सभी पर इस भाग में चर्चा की जाएगी। इस भाग में मधुर स्वप्न दिखाने, आपको प्रसन्न या प्रेरित करने का प्रयास करने की बजाय कठोर वास्तविकता से साक्षात्कार कराने का प्रयास किया गया है।

अध्याय 10

अभ्यर्थी सिंड्रोम

सिविल सेवा में आने का निर्णय लेने के बाद आपने तैयारी शुरू कर दी थी और आपको विश्वास था कि आप परीक्षा में सफल भी हो जाएंगे। आपके मित्र आश्वस्त थे और आपका परिवार भी आप पर विश्वास करता था। आपने दिन-रात मेहनत की, सारा समय तैयारी में लगा दिया। और परीक्षोपरांत जब परिणाम घोषित होते हैं, जहाँ एक ओर आप साक्षात्कार के बारे में सोच रहे थे, पता चला कि आप प्रारंभिक परीक्षा में ही सफल नहीं हो पाए। आपको गहरा धक्का लगता है, लेकिन आप उम्मीद का दामन नहीं छोड़ते। एक बार फिर परीक्षा की तैयारी में जुट जाते हैं, सबकुछ भूलभाल कर सिर्फ अध्ययन पर ध्यान केंद्रित करते हैं।

📖 UPSC क्रैक करने के गुरुमंत्र 📖

लेकिन एक बार फिर, आप सफल नहीं हो पाते हैं। एक बार फिर वही क्रम शुरू हो जाता है, क्योंकि अब आप एक दुष्चक्र में फंस चुके होते हैं। जिससे आप बाहर नहीं आ पाते। आपने पहले ही अपने अमूल्य दो वर्ष समर्पित कर दिए हैं, आप उम्मीद कैसे खो सकते हैं? इस बार अभिप्रेरणा क्षीण हो चुकी है, और इसी के साथ आप फिर से अध्ययन करते हैं, लेकिन अच्छा प्रदर्शन नहीं कर पाते हैं, आप अपने परिवार से झूठ बोलते हैं, आप बेरोजगार हैं, अब आप केवल प्रीलिम्स को पास करने के लिए जीते हैं। लेकिन आप फिर असफल हो जाते हैं। यह चक्र निरंतर चलता रहता है, समय के साथ उत्साह कम होता चला जाता है और निराशा बढ़ती चली जाती है। अंत में आपके परीक्षा देने के प्रयास (Attempt) खत्म हो जाते हैं, आपकी युवावस्था भी समाप्त हो जाती है।

यही सिविल सेवा परीक्षा का स्याह पक्ष है। आप बस वही गलतियाँ दोहराते रहते हैं, वास्तव में आपको पता ही नहीं होता कि गलती कहाँ हुई थी? जब तक पिछली परीक्षा की अंकतालिका आती है, आप अगले वर्ष की परीक्षा के लिए फॉर्म भर चुके होते हैं, बिना गलती या कमी पर विचार किए ही वैकल्पिक विषय भी चुन लेते हैं। सिविल सेवा परीक्षा में बैठने वाले 90% अभ्यर्थियों पर यह बात लागू होती है।

आपकी व्यक्तिगत विफलता की कुंठा आप हर किसी को दोष देकर निकालते हैं, यहाँ तक कि सरकार को भी आप दोष देते हैं। इस तरह अब आप सरकार और उसकी नीतियों की आलोचना करते हुए उत्तर लिख रहे होते हैं। जबकि परीक्षा में किसी और उत्तर की आपसे अपेक्षा की जाती है, और आप अपनी कुंठा एवं निराशा को व्यक्त कर रहे होते हैं। समय बीतने के साथ यह विरोधाभास बढ़ता ही जाता है। अंत में, आप अभ्यर्थी के स्थान

पर एक सामाजिक कार्यकर्ता जैसे बन जाते हैं और यही आपके उत्तर में परिलक्षित होने लगता है। धीरे-धीरे अभ्यर्थियों को दिल्ली में ही बने रहना अच्छा लगने लगता है और वह केवल अपने सहपाठियों के साथ बहस करके ही संतुष्ट रहने लगते हैं। स्थानीय चर्चाओं में अपने ज्ञान का दिखावा अधिक महत्त्वपूर्ण हो जाता है। नए अभ्यर्थी इनसे प्रभावित हो जाते हैं, जिससे परीक्षा की विफलता में कुछ सांत्वना मिल जाती है।

यही ***'एस्पिरेंट सिंड्रोम'*** है। वे अभ्यर्थी ही बने रहने में इतने सहज महसूस करते हैं कि भूल ही जाते हैं कि आखिर उन्होंने तैयारी क्यों शुरू की थी? इस प्रकार एक अभ्यर्थी का एक सामाजिक कार्यकर्ता में परिवर्तन हो जाना ही अंतिम चरण है। सिस्टम की नकारात्मकता और उसकी आलोचना आपकी विचार प्रक्रिया पर पूरा नियंत्रण हासिल कर लेती है। आप अधिक उदास और अधिक निराश हो जाते हैं। तो इस घटना तक इंतजार क्यों?

इन दिनों सोशल मीडिया का चलन है और सबसे पहले मैं इसी बारे में चर्चा करना चाहूँगा। कई बार आप सोशल मीडिया पर उपलब्ध सामग्री में इतना डूब जाते हैं कि आप प्लेटफॉर्म पर उपलब्ध हर टॉपर, उनकी हर पोस्ट, एक्टिविटी को फॉलो करने लगते हैं। जब भी, आप अपने आप को स्क्रॉलिंग के इस अंधे कुएँ में गिरता हुआ पाएँ, कुछ देर रुकें और स्वयं से पूछें कि क्या यह वास्तव में इतना महत्त्वपूर्ण है कि आपका समय इस पर खर्च किया जाए? आपको मेरी सलाह होगी कि आप अपना समय उन चीजों पर बर्बाद करने से बचें जो तैयारी में सहायता नहीं करतीं। इसके बजाय उस समय का उपयोग उस सामग्री की खोज में करें जो आपके पाठ्यक्रम के लिए प्रासंगिक हो।

इसके बाद आप कुछ ऐसे अभ्यर्थियों से मिलते हैं जो सामाजिक कार्यकर्ता बनते जा रहे हैं। वे वाद-विवाद, चर्चा में संलग्न रहते हुए अपने आसपास के लोगों को हतोत्साहित करने में लगे रहते हैं। उनके पास ज्ञान है लेकिन वे इसका उपयोग ऐसी जगह कर रहे होते हैं जहाँ नहीं करना चाहिए। वे हर नई किताब सिर्फ दिखावे के लिए खरीदते हैं। जबकि अनेक अभ्यर्थियों को यह स्पष्ट नहीं होता है कि वे जीवन में क्या करना चाहते हैं, वे इन तथाकथित कार्यकर्ता अभ्यर्थियों से बहुत आसानी से प्रभावित हो जाते हैं और उनकी पूरी रणनीति बदल जाती है।

फिर आती है अभ्यर्थियों की एक अन्य श्रेणी, दिवास्वप्न देखने वाले अभ्यर्थी। हम इन्हें हर समय लबासना (LBSNAA) के बारे में बात करते हुए और कल्पना में खोए हुए छात्रों के समूह में रख सकते हैं। कुछ अन्य विद्यार्थी तैयारी करने के लिए नहीं बल्कि एक उपयुक्त साथी खोजने के लिए दिल्ली आए होते हैं। क्या आप इनमें से किसी एक श्रेणी में आते हैं? यदि हाँ, तो मैं आपको ईमानदारीपूर्वक एक सलाह देता हूँ कि, आप अपना समय बर्बाद न करें और किसी अन्य करियर विकल्प को अपनाएँ। ये श्रेणियां 'एस्पिरेंट सिंड्रोम' का उत्कृष्ट उदाहरण हैं। लेकिन अगर आप उपरोक्त किसी भी श्रेणी में नहीं आते हैं, तो आप एक गंभीर प्रतिस्पर्धा के लिए तैयार हैं। जैसा कि मैंने पहले कहा, आपका मुकाबला परीक्षा में बैठने वाले 5-6 लाख अभ्यर्थियों के साथ नहीं है। आपका मुकाबला उन चंद हजारों से है जो अपने सपने को साकार करने के लिए दिन-रात एक कर रहे हैं।

अपने जीवन पर नियंत्रण

असफलता तो सिर्फ एक सीढ़ी है कुछ समय के बाद आपको लगेगा कि यह असफलता आपको सचेत करने के लिए थी। लगातार दो असफल प्रयास

अभ्यर्थी सिंड्रोम

आपको सावधान करने के लिए पर्याप्त होने चाहिए। जैसा कि मैंने पहले के अध्यायों में कहा, एक मजबूत नींव तैयार करने के लिए डेढ़ वर्ष पूरी लगन से पढ़ाई करना पर्याप्त है। बाकी सब सहायक कार्रवाई है। तो, लगातार दो असफल प्रयासों के बाद आपके पास ज्ञान की कमी नहीं रहती है। बस आप में इसकी उपयोगिता की कमी रहती है और इसके लिए आपको अपना शत-प्रतिशत समय पढ़ाई में लगाने की जरूरत नहीं होती। 4-5 घंटे का समर्पित अध्ययन अब पर्याप्त है जिसे नौकरी के साथ आसानी से किया जा सकता है। इसलिए, सबसे जरूरी बात मैं कहना चाहूँगा कि, आप रोजगार की तलाश करें। व्यावहारिक और वास्तविक दुनिया का अनुभव प्राप्त करें। इससे आपका आत्मविश्वास और मनोबल बढ़ेगा। अब आप किसी पर निर्भर नहीं हैं और इसलिए अब आप अपने अध्ययन के क्रम को स्वयं तय कर सकते हैं।

अपने कौशल को अद्यतन रखना और उसे बढ़ाना भी आपके समग्र विकास के लिए लाभदायी सिद्ध होगा। अपने स्नातक के विषयों को उठाकर ताक पर ना रखें, साथ ही नए-नए विषयों का भी ज्ञान अर्जित करें, इससे आपकी योग्यता में वृद्धि होगी। मेरा विश्वास कीजिए, आपकी मेहनत ही आपके परिणाम में परिलक्षित होगी। इसलिए जब भी संभव हो, नए प्रयोग करते रहें।

आजकल आपके आस-पास की नवीनतम घटनाओं से अवगत रहने के लिए बहुत सारे ऐप और पाठ्यक्रम ऑनलाइन उपलब्ध हैं। कई अभ्यर्थी कुछ गैर-सरकारी या गैर-लाभकारी (NGO's/NPA's) संगठनों से जुड़ते हैं जो वास्तविक समस्याओं का व्यावहारिक अनुभव प्रदान करते हैं। यह कुछ पारिश्रमिक प्राप्त करने और व्यावहारिक अनुभव प्राप्त करने का एक अच्छा अवसर होता है। आप YouTube के लिए अपना पॉडकास्ट (podcast) और

📖 UPSC क्रैक करने के गुरुमंत्र 📖

वीडियो ट्यूटोरियल भी तैयार कर सकते हैं और विषय सामग्री उपलब्ध कराने के बदले पारिश्रमिक भी प्राप्त कर सकते हैं। या फिर आप किसी भी कोचिंग संस्थान में पढ़ा सकते हैं या वहाँ पर छात्रों के टेस्ट की उत्तर पुस्तिकाओं का मूल्याँकन कर सकते हैं।

लेकिन आप जो कुछ भी करें, लगातार दो असफल प्रयासों के बाद आर्थिक रूप से स्वतंत्र जरूर हो जाना चाहिए। अपने जीवन पर अपना नियंत्रण रखें और किसी पर भी निर्भर न रहें। इससे आप एकदम तनाव से मुक्त अनुभव करेंगे, और आपको मिलने वाली मन की शांति से आपको अपनी पढ़ाई पर अधिक ध्यान केंद्रित करने में सहायता मिलेगी।

जानिए कब रुकना है

मैंने 2015 की सिविल सेवा परीक्षा उत्तीर्ण की और 2016 में आई.आर.एस में शामिल हो गया। लेकिन, उसके बाद भी, मैं आईएएस अधिकारी बनने के लिए इस परीक्षा को पास करना चाहता था। मैंने कुछ और प्रयास किए लेकिन प्रत्येक प्रयास के साथ प्रेरणा कम होती गई। फिर मैंने शांतिपूर्वक सहायक आयुक्त के रूप में अपने काम का आनंद लेना शुरू कर दिया और मुझे धीरे-धीरे एहसास हुआ कि मैं केवल अपने कृत्रिम अहं को संतुष्ट करने के लिए परीक्षा दे रहा था।

यहाँ तक कि एक बार मेरा अपनी पत्नी के साथ झगड़ा हो गया, मैंने कहा, 'मुझे यूपीएससी क्लियर करना है इसलिए मैं यह परीक्षा दूँगा', लेकिन उनके जवाब ने मेरा भ्रम तोड़कर रख दिया, उन्होंने कहा, 'क्या आप पहले ही यूपीएससी पास नहीं कर चुके हैं? अब और क्या साबित करना चाहते हैं?' और तभी मैंने व्यर्थ प्रयास करना छोड़ दिया। तो क्या आपके साथ भी ऐसा होता है? यदि आप पहले से ही चयनित हैं, तो कृपया अपने आप से

पूछें कि आप अभी भी प्रयास क्यों कर रहे हैं? अपने लिए या अपने अहंकार के लिए? हमेशा अपने प्रति सच्चे रहें। हो सकता है कि आप सबकी तरह-तरह की सफाई दे रहे हों, बहुत से कारण गिनवा रहे हों, लेकिन अपने अंदर झाँकना होगा और केवल अपने आपको समझना चाहिए।

ऐसे कई उदाहरण हैं जहाँ अभ्यर्थियों ने सही समय पर तैयारी छोड़ दी है और वैकल्पिक करियर पर ध्यान दिया और सफलता प्राप्त की। आपको भी यह समझना चाहिए कि सिविल सेवा ही सब कुछ नहीं है। किसी देश के विकास के स्तर और सिविल सेवाओं के प्रति आकर्षण के बीच विपरीत संबंध होता है। जैसे-जैसे देश आगे बढ़ता है, जनता को गुणवत्तापूर्ण सेवा उपलब्ध कराने का काम निजी क्षेत्र के पास पहुँचने लगता है। वर्तमान में हमारे देश में भी बदलाव की बयार चल रही है। यहाँ तक कि उप सचिव/संयुक्त सचिव का उच्च पद भी अब पार्श्व प्रवेश (लेटरल एँट्री) के लिए खुला है। हालाँकि इसके भी अनेक फायदे और नुकसान हो सकते हैं, लेकिन मूल बात यह है कि धीरे-धीरे दुनियाभर में निजी क्षेत्र का दखल सरकारी क्षेत्र में बढ़ता जा रहा है।

आज हर किसी को कौशल विकास की आवश्यकता है, चाहे वह निजी क्षेत्र हो या सरकारी क्षेत्र।

अपने ज्ञान का अनुप्रयोग करें

यहाँ मैं आपको समझाऊँगा कि ज्ञान के अनुप्रयोग का क्या अर्थ है। आपने बहुत मेहनत से पढ़ाई की है। हम सब करते हैं। आपके पास ज्ञान की कमी नहीं है। क्या पढ़ना है, यह सब जानते हैं। लेकिन आगे का रास्ता लगातार अभ्यास करने और रिवीजन यानि पढ़े हुए को दोहराते रहने का है। लेकिन परीक्षा की तैयारी में रिवीजन की उतनी ही उपेक्षा की जाती है जितनी कि

UPSC क्रैक करने के गुरुमंत्र

कसरत में पैरों की उपेक्षा की जाती है। यदि आप ठीक तरह से दोहराएँगे नहीं, तो विषय को याद रखना कठिन होता जायेगा। सप्ताह में एक दिन केवल रिवीजन के लिए समर्पित करें। यह बहुत ही जरूरी है और इसे किसी भी कीमत पर नजरअंदाज नहीं किया जाना चाहिए।

इसके अलावा, आपको अभ्यास करने की आवश्यकता है। और यहीं टेस्ट सीरीज महत्त्वपूर्ण हो जाती हैं। अपनी पसंद की किसी भी टेस्ट सीरीज में नामांकन करें और आपका लक्ष्य प्रीलिम्स से पहले कम-से-कम 5000 प्रश्नों का अभ्यास करना होना चाहिए। ऑनलाइन बहुत-सी टेस्ट सीरीज नि:शुल्क उपलब्ध हैं। कई अभ्यर्थी विफलता का सामना करने से डरते हैं और इस साधारण से डर के कारण टेस्ट नहीं देते हैं। यह रणनीति कुछ छात्रों के लिए तो काम कर सकती है लेकिन ज्यादातर के लिए, यह असफलता का कारण बन जाती है।

टेस्ट न देने का एक और महत्त्वपूर्ण कारण यह है कि आपको लगता है कि आप तैयार नहीं हैं। आपने पूरा सिलेबस नहीं पढ़ा है। वास्तविकता यह है कि आप कभी भी पूरा सिलेबस खत्म कर ही नहीं पाएँगे। इसलिए बहाने बनाना बंद करें और मॉक टेस्ट दें। आपको अपने प्रति ईमानदार होना पड़ेगा। केवल आप ही अपने प्रदर्शन को आंक सकते हैं और केवल आप ही अपने स्तर को जानते हैं, इसलिए अगर आप परीक्षाओं से दूर भाग रहे हैं, तो जान लें कि आप स्वयं को अंधेरे में रख रहे हैं और इससे ज्यादा खतरनाक कुछ नहीं हो सकता।

मॉक टेस्ट का एक अन्य महत्त्वपूर्ण पहलू यह है कि इससे आपको यह पता चलता है कि आप अखिल भारतीय प्रतियोगिता में कहाँ पर खड़े हैं? इससे आपको आपकी तैयारी के स्तर का पता चलता है और फिर आप

📖 अभ्यर्थी सिंड्रोम 📖

उसके अनुसार सुधार कर सकते हैं। मॉक टेस्ट जरूर दें और हर बार अपने स्कोर का मूल्यांकन करें। जो आपको नहीं आता वह सीखें और जो पहले से आता है या पढ़ रखा है उसे लगातार दोहराते रहें। मुख्य परीक्षा में भी यही रणनीति काम में आएगी।

जितना अधिक आप अभ्यास करते हैं उतना अधिक आप सीखते हैं। मॉक टेस्ट के महत्त्व को आप तभी समझेंगे जब बार-बार इनका अभ्यास करेंगे। भले ही आपने सब-कुछ न पढ़ा हो फिर भी यदि आप नियमित टेस्ट देते हैं और लगातार रिवीजन करते हैं तो आप अपने स्कोर में उल्लेखनीय सुधार देखेंगे। मॉक टेस्ट आपको वास्तविक परीक्षा के लिए रणनीति बनाने में मदद करते हैं।

इसका पूरा लाभ उठाएँ। इस बात से डरें या निराश न हों कि आपने अच्छा प्रदर्शन नहीं किया। अपनी गलतियों से सीखें और उनमें सुधार करें। यही टेस्ट सीरीज का लक्ष्य है। इसलिए ज्यादा से ज्यादा टेस्ट दें। कहा भी गया है कि युद्धाभ्यास में हम जितना अधिक पसीना बहाते हैं, युद्ध में उतना ही कम खून बहाना पड़ता है और यूपीएससी एक युद्ध है।

❐❐

अध्याय 11

असफलता क्या है?

आप असफलता को केवल द्विआधारी अर्थों में आँकते हैं, यदि आपने परीक्षा पास कर ली है तो आप सफल हैं और यदि आप नहीं करते हैं तो आप असफल हैं। असफलता के बारे में यह धारणा रखने वाले आप अकेले नहीं हैं। हम सभी ने अपने जीवन में कभी-न-कभी ऐसा किया है। लेकिन यह पूरी तरह से सही नहीं है। सबसे पहले, कोई भी एक परीक्षा के संदर्भ में किसी व्यक्ति की सफलता या असफलता का निर्धारण नहीं कर सकता है। दूसरे, इस तरह की धारणा बनाकर आप अपने आप को और अधिक नुकसान पहुँचा रहे होंगे।

📖 असफलता क्या है? 📖

सिविल सेवा परीक्षा की तैयारी कठिन है। यह तैयारी आपके मानसिक दम-खम की परीक्षा होती है। युवावस्था के अनमोल वर्ष एक सपने को पूरा करने में बर्बाद हो जाते हैं। आप इस परीक्षा में इतना समय लगाते हैं कि आप अपने आप को समाज से काट लेते हैं और अपने शैक्षणिक पाठ्यक्रम में अर्जित कौशल को ताक पर रख देते हैं। यदि आप सफल होते हैं, तो आप एक प्रभावपूर्ण सिविल सेवक की भूमिका निभायेंगे अन्यथा आपके पास बहुत कम विकल्प रह जाते हैं। लेकिन यह तो इस परीक्षा का उद्देश्य नहीं है, ना ही इस तरह से प्रयास किए जाने चाहिए।

इसके अलावा, कई संस्थान छात्रों को लुभाने के लिए विभिन्न प्रकार के अभियान चलाते हैं, जैसे ''प्रथम प्रयाम में प्रीलिम्स में सफलता प्राप्त करें'' या ''100 दिनों में यूपीएसी परीक्षा पास करें'', आदि। टॉपर्स की सफलता की कहानियों को भी इस तरह से प्रस्तुत किया जाता है जैसे कि बहुत ही आसानी से उन्होंने सफलता प्राप्त कर ली है। यह सब पूरी तरह भ्रामक होता है। कई अभ्यर्थी वर्षों तक अथक परिश्रम करते हैं, और इस तरह के विज्ञापन उनकी अनथक मेहनत को कम करके आँकते हैं। जैसा कि मैंने पहले के अध्यायों में कहा है, इन सब विज्ञापनों पर ध्यान न दें। केवल अपने संघर्ष और अपनी कहानी पर विश्वास करें। कभी भी अपने आप को सिर्फ इसलिए कम नहीं आंकना चाहिए कि एक परीक्षा में असफलता मिली है। एक परीक्षा की सफलता या असफलता पर आपका जीवन निर्भर नहीं करता है। *जीवन आपके सभी व्यक्तिगत और साझा अनुभवों के योग से बड़ा होता है।*

विराम लें और आत्मनिरीक्षण करें

परीक्षा में बार-बार असफल होने पर गंभीरतापूर्वक आत्मनिरीक्षण करने की आवश्यकता होती है। यदि आप अपनी गलती का विश्लेषण किए बिना परीक्षा

देते रहेंगे, तो आप उन्हीं गलतियों को बार-बार दोहराएँगे। जब तक आप अपनी गलतियाँ समझकर अपना तरीका नहीं बदलते, तब तक आगे बढ़ने की उम्मीद करना व्यर्थ है। जरूरत पड़ने पर एक वर्ष का अवकाश (Break) लें। पढ़ना बंद करें और सिर्फ अपनी गलतियों का विश्लेषण करें। अगर आपका चुना हुआ वैकल्पिक विषय आपके लिए कठिन है तो इसे बदल दें।

कई अभ्यर्थी अपने विषय बदलने से डरते हैं और कारण बताते हैं कि वे पहले ही समय, पैसा और ऊर्जा लगा चुके हैं, फिर इस मोड़ पर आकर विषय क्यों बदलें? ऐसी स्थिति में अभ्यर्थी को अपनी लागत डूबने का भ्रम (Sunk-Cost Fallacy) पैदा होता है। लेकिन ज्ञात रहे आपका समय, पैसा और ऊर्जा पहले ही जा चुकी है, इसलिए इसकी चिंता न करें। भविष्य के बारे में सोचिए। सिर्फ इसलिए कि आपने अपनी ऊर्जा, समय और धन को गलत जगह निवेश कर दिया है इसका मतलब यह नहीं है कि आपको उसी गलती को दोहराते रहना चाहिए।

इस बात की चिंता न करें कि आपने जो विषय चुना है उससे कितनी सहायता मिलेगी। जरूरत है तो केवल इस बात की कि आप अपनी रुचि व योग्यता के अनुसार उत्तर लिखने में सक्षम हों। इसलिए, दृष्टिकोण बदलें, अलग तरीके से सोचें और नए विकल्प के साथ फिर से प्रयास करें। इससे अध्ययन में भी एक ताजगी महसूस होगी। परिवर्तन से डरना नहीं चाहिए, उसे पूरे मन से स्वीकार करना चाहिए।

अभिव्यक्ति

हमेशा अपने दोस्तों और परिवार के संपर्क में रहें। अपनी भावनाओं को अपने करीबी और विश्वासपात्र लोगों के साथ साझा करें। तनाव कम करें, और आप

चाहें तो एक छोटा-सा अवकाश ले लें। आमतौर पर, अभ्यर्थी अपनी भावनाओं को साझा नहीं करते हैं। चूंकि तैयारी की प्रक्रिया में आपने अपने आपको सबसे दूर कर लिया है, इसलिए वापस आना और अपने आप को अभिव्यक्त करना और जरूरी हो जाता है। अपना सारा तनाव अपने तक न रखें।

यदि आप असफल हुए हैं, तो आवेदन करने वालों में से लगभग 95% अभ्यर्थी असफल ही हुए हैं। आप अकेले नहीं हैं। जरूरत पड़े तो अपनी भावनाओं को उन मंचों पर साझा करें जहाँ पहचान बताना जरूरी नहीं होता। लेकिन बात करें, और स्वयं को अलग-थलग ना करें। आपका परिवार आपको समझता है। आपके दोस्त आपको समझते हैं। आपके जीवन से ज्यादा महत्त्वपूर्ण कुछ नहीं है और आप अपने परिवार के लिए सबसे महत्त्वपूर्ण हैं। आखिरकार, सिविल सेवा परीक्षा सिर्फ एक और परीक्षा ही तो है, इसलिए असफलता को दिमाग पर हावी न होने दें।

इस परीक्षा को पास करने की आपकी संभावना बहुत से कारकों पर निर्भर करती है, कोई भी इस बात की गारंटी नहीं दे सकता कि आप इसमें सफल होंगे या नहीं। इसके अलावा, यह सोचकर अपने को कमतर महसूस न करें कि और लोग 100 दिनों की पढ़ाई में परीक्षा पास कर रहे हैं। जबकि ये बिलकुल सच नहीं है। एक स्वस्थ प्रतियोगिता में रहें, इसे पागलपन का रूप न दें। आपने पढ़ाई की है और यही मायने रखता है। इन विज्ञापनों के झांसे में न आएँ न ही यूपीएससी टॉपर्स को मिलने वाले प्रदर्शनपूर्ण सम्मान से मुग्ध होकर अपनी तैयारी से ध्यान भटकाएँ। वे भी आपकी तरह ही सिर्फ अभ्यर्थी हैं जिन्हें सफलता मिली है और आप भी किसी से कम नहीं हैं।

इसलिए खुलकर बात करें, अपने अंदर के दबाव को अपने अस्तित्त्व पर हावी न होने दें। मेहनत से पढ़ाई करें लेकिन प्रतिस्पर्धा को सामान्य स्तर

पर बनाए रखें। सब कुछ यूपीएससी नहीं है, लोग अन्य क्षेत्रों में भी कहीं अधिक सफल हैं, और सभी अपने तरीके से राष्ट्र निर्माण में योगदान करते हैं। और हमेशा याद रखें कि आप अकेले नहीं हैं।

परीक्षा को सहज तरीके से लें

जैसा कि मैंने इस भाग की शुरूआत में उल्लेख किया है, सिविल सेवा परीक्षा के लिए युवाओं की दीवानगी दिन-ब-दिन बढ़ती ही जा रही है। परिणाम जो भी हो लेकिन यह देश के समग्र विकास और वृद्धि के लिए महत्त्वपूर्ण है। इस परीक्षा में बैठने वाले सभी अभ्यर्थीों में से, लगभग एक हजार ही सिविल सेवक के तौर पर चुने जाते हैं। पाँच लाख के लगभग अभ्यर्थी पुन: परीक्षा के लिए तैयारी करेंगे। चुने गए एक हजार में से भी लगभग अस्सी प्रतिशत बेहतर सेवा या बेहतर कैडर की उम्मीद में फिर से परीक्षा में शामिल होंगे। तो सामान्यत: हर वर्ष केवल दो सौ से तीन सौ अभ्यर्थी ही होते हैं जो फिर से परीक्षा नहीं देते हैं।

चूंकि सिविल सेवा में चयनित होना बहुत अधिक सम्मान और प्रशंसा की बात समझी जाती है, और इसीलिए अभ्यर्थी की आकांक्षा बढ़ती जाती है। एक अभ्यर्थी औसतन चार से पाँच वर्ष तक तैयारी करता रहता है, जो कि उचित नहीं है। आप जितना अधिक समय तैयारी में लगाएँगे, अपने स्नातक के विषयों से दूर होते चले जाएँगे। इन दिनों, तेजी से होते तकनीकी परिवर्तनों के कारण, नित नए कौशल विकसित हो रहे हैं और दिन-प्रतिदिन पुराने भी होते जा रहे हैं। जबकि आप अपने महत्त्वपूर्ण समय का निवेश, युवावस्था को किसी उपयोगी कौशल को उन्नत करने में नहीं, बल्कि केवल एक परीक्षा की तैयारी में व्यय कर रहे हैं। इसमें कोई आश्चर्य की बात नहीं है कि

📖 असफलता क्या है? 📖

गुणवत्तापूर्ण शिक्षा रोजगार के लिए वांछित योग्यता से मेल नहीं खा रही है। वही कौशल जो सही समय पर पूरी तरह से इस्तेमाल किए जा सकते थे, अब बर्बाद हो गए हैं।

दो वर्ष की लगातार असफलता के बाद, आपको और समय बर्बाद नहीं करना चाहिए और रोजगार की तलाश करनी चाहिए। आपको अपना मौलिक कौशल खोना नहीं चाहिए। साथ ही, आपको समय के साथ प्रासंगिक बने रहने के लिए नए कौशल सीखने चाहिए। सिविल सेवा परीक्षा की पक्की नींव तैयार करने के लिए डेढ़ वर्ष की अच्छी तैयारी काफी होती है। इसलिए अभ्यास पर अधिक ध्यान दें। अंत में, इस परीक्षा को यथासंभव सरल और मानवीय रखें।

निष्कर्ष

पुस्तक का एकमात्र उद्देश्य यूपीएससी सिविल सेवा परीक्षा की तैयारी हेतु क्यों, क्या और कैसे इन तमाम पहलुओं पर विचार करना है। आपसे आग्रह किया गया है कि पहले यह स्पष्ट कीजिए कि आप सिविल सेवा में क्यों शामिल होना चाहते हैं? आपकी अभिप्रेरणा न केवल आपका भविष्य तय करेगी बल्कि आपके व्यक्तिगत और व्यावसायिक जीवन की गुणवत्ता भी तय करेगी। इसके अलावा, यहाँ निजी क्षेत्र और सिविल सेवाओं तथा उनके सकारात्मक और नकारात्मक पक्षों के बीच एक स्वस्थ तुलना की गई है। आपको अच्छी तरह से उचित-अनुचित सोच-विचारकर ही तय करना होगा कि आप क्या चाहते हैं?

पुस्तक का भाग-1 लोकसेवक की नौकरी में संतुष्टि के महत्त्व को निर्दिष्ट करता है जोकि धन से परे सिविल सेवा को विशेष बनाता है।

पुस्तक का भाग-2 इस प्रश्न पर आधारित है कि, परीक्षा के लिए वास्तव में तैयारी ''कैसे'' करनी चाहिए? यह कोचिंग बनाम स्व-अध्ययन के

📖 निष्कर्ष 📖

फायदे और नुकसान की रूपरेखा तैयार करता है और घर बैठे ही परीक्षा की तैयारी के विकल्प भी प्रदान करता है। इसमें अभ्यर्थीं के सामने एक स्पष्ट चित्र प्रस्तुत करते हुए, परीक्षा से जुड़े कई मिथकों को भी तोड़ा गया है।

पुस्तक का भाग-3 असफलता और सिविल सेवा से हटकर आपके जीवन पर केंद्रित है। एक सपने की तलाश में भटकने में अपने कीमती वर्ष बर्बाद नहीं करने चाहिए। आप जो भी निर्णय लें, वह अच्छी तरह से सोच-विचार के बाद ही लेना चाहिए। असफलता की परिभाषा ही विवादित है। असफलता वह नहीं है जो हर कोई सोचता है, बल्कि आप ही अपनी विफलता को बेहतर तरीके से समझ सकते हैं। आप जो कुछ भी करें, मगर अपने व्यक्तिगत कौशल विकास को मत छोड़ें जो जीवन में हमेशा आपके काम आएगा। आज आपको समय के साथ चलने और प्रासंगिक बने रहने की जरूरत है, चाहे वह सिविल सेवा हो या निजी क्षेत्र।

मैंने परीक्षा की तैयारी से जुड़े अधिक-से-अधिक पक्षों पर आपका ध्यान आकर्षित करने का यथासंभव प्रयास किया है। तैयारी के अन्य सामान्य चरणों और दिशानिर्देशों पर ध्यान नहीं दिया है क्योंकि आप सभी इसे पहले से ही जानते हैं। जैसा कि मैंने कहा, यह **आपकी सामान्य यूपीएससी पुस्तक नहीं है।**

□□

संदर्भ-सूची

- Demmke, C. (2019). Legitimacy of Civil Services in 21st Century.
- Epstein, D. (2019). Range : Why Generalists Triumph in a Specialized World.
- Grievances, D. O. (2010). Civil Services Survey.
- Indian Institute of Management. (2015). A Study of Comparing Salaries/Emolument in the Government Sector vis-a-vis CPSU/Private Sector in India. 321.
- Indian Institute of Management. (n.d.). A Study of Comparing S.
- Klein, D. K. (2009). Condition for Intuitive Expertise : A Failure to Disagree.
- Ryan and Deci. (2017).
- St-Jacques, A. (2018). Sacrificial Goals: The Antecedents and Consequences of Sacrificing Basic Psychological Needs. McGill University, Montreal, QC, Canada.